HSU THE FUNDAMENTAL ISSUES IN HUMAN STUDIES

人間学の根本問題

「悟り」を比較分析する

RYUHO OKAWA
大川隆法

を持っていなければ不可能だからだ。
本書を起点として、キリスト教や仏教の研究を深めていくきっかけとしていただければ幸いである。

二〇一四年　八月三十日

幸福《こうふく》の科学《かがく》グループ創始者兼総裁《そうししゃけんそうさい》
幸福《こうふく》の科学大学創立者《かがくだいがくそうりつしゃ》　大川隆法《おおかわりゅうほう》

人間学の根本問題　目次

人間学の根本問題

――「悟《さと》り」を比較分析《ひかくぶんせき》する――

二〇一四年八月二十七日　説法《せっぽう》
東京都・幸福の科学　教祖殿《きょうそでん》　大悟館《たいごかん》にて

4　修行して「悟り」を開いた宗教家・仏陀《ぶっだ》　75

人間学の根本問題

――「悟《さと》り」を比較《ひかく》分析《ぶんせき》する――

二〇一四年八月二十七日　説法《せっぽう》

東京都・幸福の科学　教祖殿《きょうそでん》　大悟館《たいごかん》にて

1 「人間学」を掘《ほ》り下げ「神近き人間」を分析《ぶんせき》する

人間学について、「応用レベル」に入りたい

先般《せんぱん》（二〇一四年八月二十四日）、『「人間学概論《がいろん》」講義』という話をし、人間の定義や、その活動領域をめぐっての議論を展開しました（『「人間学概論」講義』〔幸福の科学出版刊〕参照）。

今朝（二〇一四年八月二十七日）は、その本の校正をしていたのですが、「人間学について、もう一段踏《ふ》み込《こ》んだ、『応用レベル』まで入ってもよいので

はないか」と思います。

『「人間学概論」講義』では、人間と動物の違《ちが》いや人間とロボットの違い等を示し、「人間を人間たらしめているものは何か」ということを述べ、「やはり、魂《たましい》の存在は認めざるをえない」ということで、「魂と肉体が合体し、この世で人生修行《しゅぎょう》を行《おこな》っているものが人間だ。あの世から来て肉体に宿り、この世で魂修行をして、あの世に還《かえ》っていく。これが人間だ」というような定義を行いました。

そして、「魂の研究を避《さ》けて通っているようでは、医学や哲学《てつがく》、仏教学等は、その使命を放棄《ほうき》しているのと同じであり、未来においてぶち当たっていく生命倫理《りんり》の問題には、おそらく答えられないだろう」という問題提起をしたつもりです。

このままでは、やはり、未知の領域について一つの〝透明《とうめい》な壁《かべ》〟があり、それを越《こ》えられないだろうと思います。

それは、根本的な考え方が間違っているからです。

私は、「『五官で捉《とら》えられる世界だけがすべてだ』と思っている価値観から見れば、人間を定義することはできなくなってくる」ということを述べているわけです。

もちろん、肉体の部分もありますが、やはり、肉体とその奥《おく》に潜《ひそ》む「魂」の問題、および、その関連性について言及《げんきゅう》し、研究できなければ、人間学はスタートできないのではないかと思っています。

現代の学問は「無神論・無霊魂説《むれいこんせつ》」に傾《かたむ》いている

哲学で言えば、ソクラテスやプラトンが言った「霊魂説《れいこんせつ》」のようなものを、現代の哲学者は数学や記号論理学の世界に封《ふう》じ込めており、いったい何を研究しているのかが分からない状態になっています。

人生論的に哲学を説く人であっても、実存主義哲学の立場であれば、要するに、「あの世も神も天界《てんかい》も関係なく、人間は、ただ、『サイコロを振《ふ》って、どのような目が出たか』という感じで、ある夫婦《ふうふ》のところに、突如《とつじょ》、ボンと偶然《ぐうぜん》に生まれ、そこから、いろいろな運命に翻弄《ほんろう》されながら、生きていかなくてはならないのだ」というような考え方をします。

要するに、〝記憶喪失症《きおくそうしつしょう》〟にかかって過去が分からず、未来については手探《てさぐ》りで生きなくてはいけない人間、それが、実存主義的な哲学で言う人間像だろうと思うのです。

これは、ソクラテスやプラトン、アリストテレスあたりが考えた人間像から見ると、ある意味で、「そうとう川を下ってしまったレベルに来ている」と感じざるをえないと思います。

また、宗教の面でも、同様のことが言えます。

仏教学、これをインド哲学と言ってもよいのですが、仏教学のほうでも、いわゆる哲学的にのみ追究するほうが、どちらかというと学問的に見え、〝かっこいい〟ところもあるのでしょう。

そのため、釈尊《しゃくそん》の教えのなかで、できるだけ、「無霊魂説」に見える部分、

「人間の魂というものは、もともと、存在しないのだ」というように受け取れる部分を取り出し、それを拡張して、何とか、そういう〝迷信《めいしん》〟にとらわれた宗教から逃《に》げ出そうとしています。

そして、「人文《じんぶん》科学など、医学も含《ふく》めた科学の領域と協調し、学者として肩《かた》を並べられるような世界に入りたい」と思っているらしいことが、よく分かります。

〝遺骨の保管業〟になった面のある仏教

現在、仏教学を教わっている人たちには、だいたい、お寺の僧侶《そうりょ》の子供が多く、宗教学を教わる人にも、お寺の僧侶の子供や神社の神主《かんぬし》の子供が多いのです。また、神学部へ行く人には、牧師《ぼくし》の子供もいることはいます。

いずれも、「僧侶や神主等を職業として、家の跡《あと》を継《つ》がなくてはいけない」という理由で、「その宗教について学問的に学ぶ」というかたちになっているわけですが、肝心《かんじん》の〝魂〟が入っていないというか、学問のなかに〝命〟がこもっていないように見えます。

ある仏教系の大学のように、総長自らが、「仏教は無霊魂の無神論なのだ」というようなことを強調している学校もあります。

そこの先生たちが、全員、その総長と同じ意見だとは必ずしも思いませんし、学生が、そこで僧侶の資格を取り、得度《とくど》して、禅宗《ぜんしゅう》系のお寺で坐禅をしたりするのは構わないと思います。

しかし、仕事上、葬儀《そうぎ》をしたり法要《ほうよう》をしたりしている人たちが、もし本当に無霊魂の無神論的な世界観を持っていて、倉庫業のように遺骨を保管し、「供《く》養《よう》するとは、遺骨を保管することなのだ」と捉えているとするならば、これは大きな過《あやま》ちを含んでいると思います。

マクロの目で見て、「人間が、ここまで愚《おろ》かになった」ということは残念ですし、知識の量が増えて、さまざまな情報が氾濫《はんらん》し、情報の大海《たいかい》のなかで泳いでいるうちに、プールで泳いでいたような見事な泳ぎ方ができなくて、ただ浮《う》きつ沈《しず》みつし、溺《おぼ》れかかっている知識人の姿が目に焼きついて、しかたがないのです。

「結論として何が言いたいのか」を平易な言葉で言い直せるか

特に、哲学的な言い回しをする人のなかには、霊的なものを否定したがる人が多く、唯物論《ゆいぶつろん》に基《もと》づいて、観念論《かんねんろん》をいろいろとひねっては、難しい文章、難解な文章を書いて、人々を惑《まど》わしている人が、現代では数多いように思います。「そういう難解な文章、一読して理解できないような文章を書ける人が、偉《えら》い学者、大学者なのだ」というような感じになってきているのです。

それが学問の形式であり、「大学院で五年間勉強し、そのあと、講師や准《じゅん》教授、教授などをやることによって、人が読んでも分からないような、専門用語を駆使《くし》した、観念的な文章や論理的な文章を書けるようになることが、学者になることだ」と考えている人も数多くいるように見えます。

しかしながら、私は、それは本質を突《つ》いた議論ではないと思うのです。それには、職業として、学者社会の〝ギルド〟、そういう〝組合〟を守っているようなところがあって、「一般の人は入れない」という面があるのかもしれませんが、「根本《こんぽん》のところ、思想の核《かく》に当たる部分が存在するかどうか」ということは、「平易な言葉に言い直してみて、中身があるかどうか」ということを見れば分かります。

社説であっても、新聞によく載《の》る、学者の投稿《とうこう》した論文であっても、結局、それに中身があるかどうかは、その核に当たる部分を、「結論として何が言いたいのか」が理解できるように、易しい言葉で言い直すことができるかどうかを見たら分かるのです。

言い直してみれば、「結論は、こういうことなのだな」ということが、はっきり分かる人は、一定の意見を持っているわけですが、言い直してみたら、何もなくなってしまうものもあります。

たとえや比喩《ひゆ》を書いたり、想定される批判などへの打ち返しをしたりしながら、結局、「自分は何を言いたいのか」を言わないままで済ませている論文等は、易しい言葉で言い直したら、何も残らないことになると思います。

これは、学問の世界においても、決して「進歩」を意味していませんし、それのみならず、学問がその時代や文明・文化を推《お》し進める要因にはならないのではないかと思うのです。

「オリジナルの思想」から見てレベルが落ちている現代の学問

人文《じんぶん》系の学問分野では、「人文学部」や「人文科学」等、言い方はいろいろありますが、人文科学という文科系の学問において、動物の体の機能を分析《ぶんせき》するようなかたちで、スポーツ医学的にものを見るなど、「医学的、生理学的なものの見方で人間を見る」ということを中心にしているのなら、「人間が分かった」とは言えないと思います。

人文学部も、「文学部的な側面を中心にして、小説的な人生論を、あれこれと考察するだけ」ということであれば、学問としては非常にさみしいのではないでしょうか。これでは、「学者よりも小説家のほうが上」ということになりましょう。

学問的には、「小説家がいろいろな人生の姿を書き出したものを、難しい言葉で分析する」「感情のレベルで人間を判断し、分析する」というところで止まっているのではないかと思います。

これは、今から二千年前や三千年前の宗教や哲学等で説かれている「オリジナルな思想」から見れば、レベル的にはかなり落ちているのですが、それを「進歩している」と考えているところに、現代の知識人の哀《あわ》れさがあるような気がします。

大学がたくさんでき、学問領域がいろいろと専門分化し、それぞれの学位を持った学者が数多く出てきているため、学問が花開き、ずいぶん進歩したようにも見えます。

しかし、「肝心の要《かなめ》」と言うべき中心部分がなければ、それは、要するに、「核弾頭《かくだんとう》の入っていない核ミサイル」のようなものであり、「撃《う》ったところで何の意味もない、攻撃力《こうげき》も破壊力《はかい》もないものにしかすぎない。中身がなくて殻《から》だけだ」ということになりかねないと思うのです。

これでは、「餌《えさ》の付いていない針で、魚を釣《つ》ろうとしている」というような状態に近いのではないでしょうか。

そういう意味では、それを学んだ者が、「人間の人生にとって何らかの役に立つもの」を得られないのであれば、やはり、「学問としては虚《むな》しい」と言わざるをえないと思います。

本書では、その人間学をさらに掘《ほ》り下げていき、もっと深いところまで下りていきたいと考えています。

前回は、人間全般についての考察が中心であったわけですが（前掲《ぜんけい》『「人間学概論」講義』参照）、今回は、人間のなかでも、特に、「一般人が理想あるいは目標とすべき、神近き人間。もう一段、上位に位置する人間」についての分析をすべきではないかと考えています。

2 「神のそば近くにある人」とは

ヒルティ、ラッセル、アランの三大幸福論の特徴《とくちょう》

幸福論についても、いろいろと比較《ひかく》し、勉強、研究しているところではあるのですが、カール・ヒルティの『幸福論』、バートランド・ラッセルの『幸福論』、アランの『幸福論』、この三つの幸福論が「三大幸福論」として有名です。

この「三大幸福論」のなかでは、ヒルティのものが、いちばん霊的《れいてき》で宗教的なものです。

アランになると、情念的なものではデカルト的なものを引き継《つ》いではいると思うのですが、生理学的な人間分析《ぶんせき》がかなり多くなっています。

また、ラッセルの『幸福論』も有名ではありますが、この人は哲学者《てつがく》にして数学者であり、基本的に浮《う》かんでくる像は、やはり、無神論的・唯物論《ゆいぶつろん》的幸福論のように見えるので、「無神論的唯物論を背景にし、この世限りで生きている人間、肉体を持ち、仕事を持っている人間の、ものの見方、考え方」にとどまっているように見えて、しかたがありません。

そのへんが「三大幸福論」といわれるものなのですが、残念ながら、〝届いていない〟ものもあるのではないかと感じられます。

幸福を「神のそば近くにあること」と定義したヒルティ

本書は、副題として、「『悟《さと》り』を比較分析する」と書いてみたのですが、ヒルティの『幸福論』では、幸福の定義として、要するに、「幸福とは、神のそば近くにあること」というようなことが述べられています。

これは、宗教的な人格を持っている人にとっては、非常に分かりやすい説明だと思います。「人生の幸福とは何か」といったら、「神のそば近くにあること、そのように実感できることが幸福だ」というわけです。

これを、いろいろなものに当てはめて検証していけば、すなわち、「これは自分にとって幸福なことかどうか」ということを考えるとき、この世の事象にとらわれることなく、「自分は神のそば近くにあるかどうか」ということを考えていけば、同じ現象であっても、違《ちが》ったように考えることはできるはずです。

例えば、病気をしたとき、「だから、不幸なのだ」という捉《とら》え方もあります。

しかし、病気をすることによって、「神の愛」や「生かされていることの意味」を感じ、他《た》の恵《めぐ》まれない人たちや苦しんでいる人たちの気持ちが分かるようになり、「今、自分は神のそば近くにある」ということを実感できるのであれば、病気をしたことであっても、幸福論の一部に加えることができるようになると思うのです。

モーセ、イエス、ムハンマドは「神に選ばれし者」

この「神のそば近くにある」という言葉を、さらに敷衍《ふえん》し、展開していくと、どうなるでしょうか。

これに該当《がいとう》するのは、歴史的には基本的に宗教家が多いと思います。宗教家というものは、「神そのもの」であるか、「神のそば近くにあるもの」です。「オールマイティー・ゴッド〔Almighty God〕（全知全能の神）」としての「ワン・ゴッド〔One God〕（唯一神《ゆいいつしん》）」ではないかもしれませんが、その神に比肩《ひけん》される、「ア・ゴッド〔a God〕」に当たる、神々のなかの一人です。

それは、神近き高級神霊《こうきゅうしんれい》、あるいは大天使や天使、あるいは、仏教的には、如来《にょらい》や菩薩《ぼさつ》といわれる、仏に近い存在です。「神」と「仏」をほぼ同義に使いますが、宗教家は、「そうした最高レベルの、この地球で人々を育《はぐく》んでいる精神存在のそば近くにある人たち」です。本物の宗教家とは、そういうものだと思うのです。

では、その「神のそば近くにある」ということを、いったい、どのようにして説明するのでしょうか。これには、大きく言って二パターンがあると思います。

一つは、古代のユダヤの時代における預言者もそうですし、ある意味では、「イエスやムハンマド等も、それに近い」と言えると思うのですが、仏教的に、「努力し、修行《しゅぎょう》して悟った」ということではなく、「神の側《がわ》から指名されたようなかたちで選ばれ、現れてくる人」が数多くいます。

預言者たちについては、『旧約聖書《きゅうやくせいしょ》』を読んでも、もう一つのパターンである、「何か修行をして悟りを開いた」という感じは出ていません。神官《しんかん》の子である場合もあれば、貴族の子である場合もあり、農民の子である場合もあるけれども、なぜその人が選ばれたかについては分からないのです。ただ、その人が選ばれて神の言葉を受け、それを人々に伝えるようになりました。

もちろん、迫害《はくがい》を受ける場合も数多くあります。しかし、その同時代か、あるいは時代を下ってからかの違いがあるにしても、その人が「神から受け取った」と宣《の》べ伝える言葉を信じる人が増えてくるようになると、預言者として認められるようになってくるわけです。

さらに、預言者としての言葉のなかに、人々の悩《なや》みや苦しみ、あるいは、民族や国民が遭遇《そうぐう》している苦難から救うようなものがあったならば、「救世主」

と呼ぶようなことも数多くあります。

例えば、モーセも神の言葉を受けていましたが、「十戒《じっかい》」という神の掟《おきて》をシナイ山《さん》で受け、一神教の開祖にもなっています。

また、エジプトで奴隷《どれい》になっていたイスラエルの民《たみ》たちを解放し、乳と蜜《みつ》の流れる地、カナンを目指して旅をしました。ただ、最後に入城するところまでは行かず、カナンに入る前に没《ぼっ》しており、実際に入ったのは二代目（ヨシュア）ということになっています。しかしモーセは、「神の言葉を伝え、かつ人々を救い導いた」という意味で、救世主的な立場に立っているわけです。

3　神から選ばれし者としての宗教家・イエス

『聖書《せいしょ》』に見られるイエスの修行《しゅぎょう》の痕跡《こんせき》

また、イエスを分析《ぶんせき》してみても、『新約聖書《しんやくせいしょ》』を読むかぎり、この人に「悟《さと》り」としての要素があるかどうかという面については、十分に読み取ることはできません。

ただ、「四十日四十夜《よんじゅうにちよんじゅうや》、荒野《あらの》で修行《しゅぎょう》した」ということは書かれており、「霊肉《れいにく》の葛藤《かっとう》」、あるいは「悪魔《あくま》との対決」のようなものがあったらしいことは読み取ることができます。何らかの修行期間があったらしいことは分かりますので、やはり、仏陀《ぶっだ》的なものも一部あったのではないかと推定はされるのです。

しかし、「なぜイエスが選ばれたか」ということについては、やはり分からない面はあります。要するに、「悟りを開いてキリストになった」というわけではないのです。

基本的に「神の側から選ばれた」ということは事実であり、そういう意味においては、古代イスラエルの預言者たちと同じ流れのなかにあることは事実でしょうし、おそらくイエス自身もそのように認識していたと思われます。

例えば、『新約聖書』には、イエスが独立して自分の教えを説き、教団らしきものができてくる前に、すでに新興宗教的な動きをしていたバプテスマのヨハネから、ヨルダン川の水で洗礼《せんれい》を受ける様子が描写《びょうしゃ》されています。通常、新しい宗教であれば、「先発にある者に、師としての行動を取られ、それを弟子《でし》としての礼を取って受ける」ということを書くのは、あまり見栄《みば》えのよいものではないでしょう。普通《ふつう》は書きたくないことだと思います。それでも書いてあるということからすれば、歴史的事実として否定できないぐらいに多くの人が知っていたからだと思われます。

また、イエスの後世の弟子が書き足した部分でしょうが、バプテスマのヨハネが、「私は水で洗礼を施《ほどこ》すけれども、私のあとから来る人は、私よりも、もっと大きな力を持っている。その人は、聖霊《せいれい》と火で人々に洗礼を施すだろう」「私は、その人の履物《はきもの》の革紐《かわひも》を解く値打ちもない」というようなことを述べたらしきことが、続けて書いてあります。

ただ、こうしたことを本当に述べたかどうかは分かりません。イエスがバプテスマ（洗礼）を受けるに当たってヨハネに弟子入りしたように見えるため、それを見栄《みば》えが悪いと考えた後世の弟子が、そのように書き足した可能性もあるとは思います。

いずれにせよ、イエスは、ヨルダン川を中心にして活動していた当時の人気教団であるバプテスマのヨハネのところに赴《おもむ》き、いったん門を叩《たた》いたことは事実です。

そのように、『聖書』には、少なくとも、四十日四十夜の荒野での修行を経験したことが書いてありますし、ヨハネ教団の門をくぐったらしいことも分かるのです。

また、水で洗礼を授《さず》けるやり方は、今のキリスト教でも続いています。キリスト教会では、頭に少しの水をかけて洗礼を施しますが、そのスタイルが遺《のこ》っているので、バプテスマのヨハネを「開祖」にして、イエスを「二代目」にすることだって、できなかったわけではないかもしれません。

ただ、おそらく、バプテスマのヨハネのほうが、早くに牢獄《ろうごく》に閉《と》じ込《こ》められ、首をはねられて死んでいったため、ヨハネ教団の弟子たちの多くは、イエス教団のなかに入り込んでいたのだと思われます。そういうかたちで、ヨハネ教団はそれ以上大きくならずに、「先触《さきぶ》れのヨハネ」ということで、先駆者《せんくしゃ》的な扱《あつか》いをされたのだろうと思うのです。

そういう意味では、バプテスマのヨハネ教団で、何らかの宗教儀式《ぎしき》なり、修行なり、あるいは悔《く》い改めなりを、ヨハネが説いていたと思われるので、イエスは、それらについて勉強したのではないかと思われます。

ですからイエスには、荒野でのサタンとの対決で、「霊肉の葛藤として、空腹や飢餓《きが》、断食《だんじき》の苦しみ等も経験している」という意味で、仏陀の山林《さんりん》修行における断食修行的な面も一部あると同時に、他教団でも修行を積んでいる部分があるのだと思います。

イエスがエジプトで学んだ「復活の思想」

さらに、『聖書』からは大部分が削除《さくじょ》されているのだと思われますが、三十歳《さい》以前のイエス像がほとんど浮《う》かんでこないような福音書《ふくいんしょ》となっています。つまり、書かれていないほうが、キリスト教団のためにはよかったのでしょう。イエスが、いろいろなところで教えを乞《こ》うたことが載《の》っていると、あまり具合がよくないと見たのだろうと思います。

ただ、少なくとも、実際にエジプトへ行って勉強し、修行をしたことは、ほぼ確実だと思われます。

なお、エジプトの宗教には、すでに「復活の思想」がありました。オシリス・イシスの信仰《しんこう》のなかに「復活の信仰」があり、ミイラをつくったりするような伝統もあったのですが、あれは「復活」を象徴《しょうちょう》するものです。復活したときに肉体がないと困るために、ミイラを棺《ひつぎ》に入れていたのです。実際は、そのミイラに魂《たましい》が宿るわけではないでしょうが、そのように信じたのかもしれません。

ともかく、「復活というものがあり、魂が肉体にもう一回舞《ま》い戻《もど》ってきて宿る。王様の魂が、もう一度この世に戻ってきて肉体に宿ることがある」という思想が、当時のエジプトには宗教的基礎《きそ》としてありました。

イエスが、エジプトで神官《しんかん》等から教えを受けているとするならば、少なくともこうしたことを学んでいるはずです。

要するに、「魂があって、肉体を替《か》えて復活してくる」という信仰があったわけです。

これを分かりやすく説明するとすれば、「ハムナプトラ」という映画が参考になるでしょう。シリーズで何作かありますが、ＣＧを使ってそうとう上手につくられた作品です。そこには、「ミイラになったはずの人の魂が出てきて、生きた人間として蘇《よみがえ》り、昔の怨念《おんねん》を晴らす」というシーンが出てきていますが、前述した復活の思想の影響《えいきょう》を受けているはずです。

ヘレニズム文化の影響《えいきょう》を受けていたイエス

　また、イエスの時代には、すでに仏陀教団のお寺がエジプトにあったことが確認されているので、仏教思想がエジプトに入っていたことは事実だと思います。

　なお、イエスが、エジプトだけで学んだのか、もう少し東に行き、仏教の源流に近いところまで行って学んだのかについては、歴史的証拠《しょうこ》がはっきりしないので、よく分かりません。

　ちなみに、イエスより前の時代、要するに、ローマ統治下の時代より少し前で、イエスより百年から五十年ぐらい前あたりに、シーザー（カエサル）の時代がありました。

さらに、それより前の、紀元前三百年前後の時代には、アレクサンダー大王という偉大《いだい》な王が出て、アリストテレスを家庭教師として教えを受けています。それによって徳のある王様になったかどうかは分かりませんけれども、中東一帯にアレクサンドリアという都市を建設しながら広げていき、エジプトや中東を支配し、インドにまで迫《せま》りました。そして、西インドの川（インダス川）のところまで攻《せ》めてきて、インドに入っていこうとしたあたりで、インドの象の大軍との戦いがあったわけです。

アレクサンダーの重装歩兵型の戦い方も、金属で体を覆《おお》って槍《やり》なども取り付けたような象の大群と衝突《しょうとつ》することで、多大な被害《ひがい》を受けました。そのあたりで東に進むことを断念して引き返していき、その後、三十二歳ぐらいで亡《な》くなったわけです。

ただ、このアレクサンダーの東征《とうせい》によって、オリエント文化とギリシャ文化が交わり、「ヘレニズム文化」が起きてきました。これが、インドからエジプト、ヨーロッパのほうにまで広がってくるのです。

今、インダス川流域から出てくる仏像等の大部分は、ヘレニズム文化の影響《えいきょう》を受けているため、ギリシャ・ローマの彫刻《ちょうこく》に極《きわ》めてよく似た顔立ちの仏陀が出てきます。それは非常に鼻筋《はなすじ》が通《とお》った仏陀です。また、一般《いっぱん》には、「インドの人は髪《かみ》が巻き毛になっており、カーリーヘアーなので、仏像の頭はブツブツ（螺髪《らほつ》）になっている」とされていますが、そのもとは、やはりギリシャ・ローマの彫刻からきています。あちらのほうからは、そうした頭が巻き毛の彫刻がたくさん出ていますので、その方式が影響していると言われているのです。

そういう意味では、すでに東西の文化の融合《ゆうごう》が行われていました。それは、キリスト以前三百年ごろに始まっており、キリストの時代には、エジプトに仏教寺院も存在したようなので、仏教も入っていたし、文化交流はそうとう盛《さか》んであったと思います。

逆に、インドの伝説のなかには、イエスだと思われる人も出てきています。その人を〝仏陀〟としたような「イエス伝が変形したかたちでの、ある種の仏陀伝的なもの」として出ているものもあります。そのように両方が交流しているところはあるようです。

「イエス自身によるイエス伝」でその霊的修行《れいてきしゅぎょう》を探《さぐ》る試み

イエスの霊的《れいてき》な修行《しゅぎょう》について、私がもう少し書いてもよいのですが、あまりにも遺っている情報が少ないため、非常に霊的なもので書くしかなく、信用を失《な》くすかもしれません。

なお、これに関しては惜《お》しかったことがあります。初期に、潮文社《ちょうぶんしゃ》という出版社から、『日蓮聖人《にちれんしょうにん》の霊言《れいげん》』（現在は『大川隆法霊言全集』〔宗教法人幸福の科学刊〕第1巻、第2巻に所収）に始まって、何冊か霊言集を出していたのですが、天上界《てんじょうかい》のイエスが、「『聖書』だけでは不十分なので、自動書記で自分の伝記を書きたい」と言ってきたのです。そこで、その出版社に、「書くから出してくれるか」と打診《だしん》したところ、「霊言はいいのですが、自動書記でイエスのものを出すのは少し困る」というようなことで、受けてくれませんでした。結局、「イエス自身によるイエス伝」が書かれないままで終わってしまい、そのまま放置しているのです。

そのあとすぐに、その出版社から別の翻訳者《ほんやくしゃ》によって「イエスの生涯《しょうがい》」についての霊界通信が出たので、それで「困るのだ」という理由は分かりました。少々惜しいチャンスを逃《のが》したかと思います。

私も、この仕事を始めた初期のころには、まだ多少の時間的余裕《よゆう》があったので、自動書記でイエスの伝記を書くこともできたのですが、今は忙《いそが》しくなったため、それも難しく、当時書かなかったということが残念ではあります。

ただ、そこには人間的なイエスがだいぶ出てきたかもしれず、出なかったことは、それはそれでよかったのかもしれません。現代に遺っているもののなかから空想し、膨《ふく》らんでいるものは、それはそれで、クリスチャンにとってはよいことかもしれないのです。

自らを「人の子」と語るイエスが「神の独《ひと》り子《ご》」に変わった背景

そのようなわけで、イエスにもやや〝仏陀的なもの〟がないわけではありませんが、現在、キリスト教の信仰として伝わっているものからは十分に推測できないところがあり、最初から「選ばれし者」として描かれていると思われます。

とりわけ特徴的なところは、やはり、「神の独《ひと》り子《ご》」のような言い方をしている点です。これは、イエス自身が独り子というように言っているわけではなく、弟子が言い出したことではあります。

イエスは自分のことについて、「人の子」という言い方をよくしており、「神の子」とも言っていません。

それから、イエスは、「今、私の主《しゅ》（マスター）が来て、こう言っている」「私が語っているのではない。私の父が来て、今、語っているのだ」というようなことをよく語っています。この主のことを「アドナイ」ともいいます。

イエスは、「今、私がこの言葉を語っているのではなく、アドナイが語っているのだ」というようなことをよく言っていたのですが、それがどういうことなのか、周りの人たちには意味が理解できませんでした。今、幸福の科学の教えを受けている人たちは、その意味が分かるでしょうが、当時の人たちには、よく分からなかったのです。

結局、イエスは、「天なる父」としての神あるいは主と、「人の子」と言っていた自分のことを語っていたものの、聖霊については、そう多くは語っていません。

ただ、『聖書』のなかには、「イエスが山に登ってエリヤやモーセなどと話をしているときに、その体が変容して白銀のように輝《かがや》いて見えた」という、「山《さん》上《じょう》の変容」という話が書かれているので、天使たちとの対話をしていた、つまり聖霊たちとも対話をしていたと思われる節《ふし》はありますけれども、あまり詳《くわ》しい説明はないのです。

イエスの神格化が進むなかで現れた「三位一体説《さんみいったいせつ》」

いずれにしても、自分のことを「人の子」と呼んでいたイエスが、やがて「神の独り子」になり、さらに後世の弟子たちはイエス自身を「主《しゅ》」と呼ぶようになりました。今のキリスト教で「主よ、主よ」と言うときには、だいたいイエスのことを言っており、イエスが「父」と言っていた人の存在はよく分からないというのが現状だと思うのです。

つまり、「父」と「子」が一体のもの、一緒《いっしょ》になってしまっている状態が、今のキリスト教ではないでしょうか。

神学《しんがく》的には、「父」と「子」と「聖霊」の「三位一体説《さんみいったいせつ》」、すなわち、「父と子と聖霊は一体のものだ」というような言い方もしています。それは、大きな意味では同じものでしょう。それらが協力して教えが説かれているわけですから、同じと言えば同じなのですが、イエスが明確に区分していたものについての理解は十分ではなく、イエスの神格化が進んだと言えます。

そのあと、イスラム教においてムハンマドが、「イエスもユダヤの預言者の一人だった」と捉《とら》えていますが、それは、イエス自身の言葉から見ても、多少そのように取れるところはあるでしょう。

「預言を成就《じょうじゅ》する使命」を自覚して十字架《じゅうじか》への道を歩んだイエス

さらに、イエスも自らを預言者だと思っていた面もあります。『旧約《きゅうやく》聖書』

のイザヤの預言のなかには、「人の子が天に上げられるだろう」といった言葉が遺っていますが、要するに、十字架《じゅうじか》に架かって死ぬことが予言されているわけです。

イエスには、「それを成就《じょうじゅ》するのが自分の使命だ」というように認識していたところがあり、「古代預言者の予言を成就する使命が自分にはあるのだ」と強く思い込んでいて、最後の「エルサレム入城」以降、十字架に架かるまでの道を歩んだようにも見えます。

これに対し、『聖書』のなかにさまざまな奇跡譚《きせきたん》が載っているのを見れば、弟子のほうは、数多くの奇跡を起こしたイエスを「単なる預言者ではなく、神格を持った存在」として描こうとしたのだと思います。イエスの死後、ローマ帝国《ていこく》でのキリスト教弾圧《だんあつ》が二百年、三百年と激しく続いたのを見れば、イエス教団にも、このあたりに多少の問題があったかもしれません。

本当は、ローマにとっては、「捕《つか》まって十字架に架かった人物」をあまりにも神格化しすぎたところに、許せない部分があったのではないでしょうか。このあたりに憎《にく》しみを呼ぶような面があったと思われます。

奇跡譚の「どこまでが本当で、どこからが違《ちが》うか」については、本当は、イエス自身が「イエス伝」を書けば分かることではあるでしょう。

おそらく、「病気が治った」などという話には本当のものがあると思うのですが、あとのものがすべて本当かどうかは、なかなか分かりません。

「ここで網《あみ》を打てば、大量に魚が獲《と》れる」という話なども、本当に大量に獲れることがありえたのかもしれません。ただ、イエス教団が始終《しじゅう》ひもじい思いのなかで生き、飢《う》えていたところなどを見ると、実際はどうだったのだろうと思うところもあります。

イエスが語る「神が人間に安息日《あんそくび》を与《あた》えた真意」とは

例えば、イエスの弟子たちは、律法《りっぽう》を重視するパリサイ派の人から、安息日《あんそくび》、つまり休日に、麦の穂《ほ》を揉《も》んで食べていたことを非難されています。

お布施《ふせ》が足りなかったのか、イエスの弟子たちは、よほどお腹《なか》が空《す》いていたのでしょう。そんな生《なま》の穀物など、そう食べられるものではないと思うのですが、それでも、ないよりはましだったのかもしれません。

麦の穂を摘《つ》み取って食べたりすることは、泥棒《どろぼう》と言えば泥棒であり、「『盗《ぬす》むなかれ』という戒律《かいりつ》に反する」と言えばそのとおりです。そういうことを休日にしていたのが戒律違反《いはん》に当たり、「モーセに降ろされた『安息日に何もするなかれ』という教えがある」と言われたわけです。

これに対し、イエスは、「安息日のために人があるのではなく、人のために安息日があるのだ」と答えます。

「もし、おまえたちは、安息日に羊が穴に落ちたとしても、それを翌日まで放っておくのか。そんなことはないだろう。安息日に落ちたとしても、羊を助け出すだろう。

同じように、神は人間に対し、『安息日だから、聖なる活動や、命にかかわる大事な救済の業《ぎょう》を一切《いっさい》してはいけない』というようなことを言っているわけではない。

神は三百六十五日働いておられるのだから、安息日に病人を治そうと、安息日に麦の穂を摘もうと差し支《つか》えない。それは、人間に対し、『一週間に一日ぐらいは休んでよい』とおっしゃっているだけなのだ。なぜならば、それは人間のための教えであって、『安息日のために人間が仕《つか》えなければいけない』というものではないからだ」ということを言いたいのでしょう。

このあたりのところは、現代によくある法治《ほうち》主義のようなものと言えばそうなのですが、そこにはすでに「法治主義の危険性」の部分も現れています。人間がつくった法律であっても、それが実体化してくると、法律のほうを優先し、「何のためにその法律があったのか」ということを忘れてしまうことがあるのです。

「現代の憲法問題」を通して、イエスの「律法《りっぽう》」への見方を考える

現代の日本に話が飛びますけれども、最近、「とにかく法律に従うことが正しいのであって、それをねじ曲げたり、前例を変えて法律の解釈《かいしゃく》を破ったりするのは悪いことだ」というような意見が出ています。「立憲主義の危機」などと言って、そうそうたる学者たちが連名で、「憲法とは国民を縛《しば》るものではなく、公務員を縛るものである。だから、立憲主義に違反するような考え方を、首相が出したり内閣が出したりするのは許されないことだ」というような論陣《ろんじん》を張っています。

立憲主義という意味からすればそうなのかもしれませんし、憲法学的にはそ

のような積み重ねもあるのかもしれませんが、「憲法があって、それを守るために人間がいる」というわけではなく、「人間を守るために憲法がある」わけです。

同じように、国民の「生命・安全・財産」や、国家の「領土・領空」等を守るために、憲法の使えるところは使っていくべきですが、憲法自体が、国民を危険に陥《おとしい》れるような状況《じょうきょう》になっていたら、やはり、その考え方を変えなければいけません。

これは、現在の「集団的自衛権」の問題などもあると思います。集団的自衛権を肯定《こうてい》するような本を平気で出したのは、専門外の私ぐらいで（『「集団的自衛権」はなぜ必要なのか』〔幸福実現党刊〕参照）、あとは専門家が束《たば》になって反対の論陣を張っているような本がほとんどです。

小さな憲法学の枠《わく》のなかでは、反対派の言っていることも、ある程度は当たってはいるのでしょうけれども、本論に立ち返り、「何のために法律があるのか」ということを考えれば、やはり人間を守るためにあるわけで、人間を守れないのであれば、そんな法律は役に立ちません。憲法にしても、国を守れないならば、その憲法は役に立たない憲法です。

イエスが言ったのも、そのようなことだろうと思います。

イエスの「復活」をどのように捉《とら》えるべきか

さて、イエスは預言を成就すべく、エルサレムに入城し、預言どおりに捕まり、十字架に上げられたわけですが、そのあとの「復活」の解釈は非常に難しいところです。

古代エジプトにおける「復活」では、「王様の魂が復活してくるときに、やはり体がないと困るだろう」と考えてミイラにしていたことがありますが、そのつくり方にはいろいろあるようです。内臓を抜《ぬ》き出し、見事に乾燥《かんそう》させて、腐敗《ふはい》しないように外見を残すミイラが棺桶《かんおけ》のなかに入っていて、製法まで詳しく分かってはいます。

内臓を抜き取られたミイラに魂が入っているかどうかは、なかを見るわけにもいかないので、このあたりは〝ドラキュラ伝説〟のもとのような感じがしなくもありません。やはり、「復活」ということを一般の人に説明するのは難しかったのだろうということは分かります。「肉体を選んで、もう一回生まれ変わってくる」ということを簡単に理解させるのは難しかったのでしょう。

郵便はがき

料金受取人払郵便

赤坂局
承認

6467

差出有効期間
平成28年5月
5日まで
(切手不要)

1 0 7 - 8 7 9 0

112

東京都港区赤坂2丁目10−14
幸福の科学出版(株)
愛読者アンケート係 行

フリガナ お名前	男・女	歳
ご住所 〒 都道府県		
お電話 ( ) −		
e-mail アドレス		
ご職業	①会社員 ②会社役員 ③経営者 ④公務員 ⑤教員・研究者 ⑥自営業 ⑦主婦 ⑧学生 ⑨パート・アルバイト ⑩他 ( )	

ご記入いただきました個人情報については、同意なく他の目的で使用することはございません。ご協力ありがとうございました。

愛読者プレゼント☆アンケート

『人間学の根本問題』のご購読ありがとうございました。今後の参考とさせていただきますので、下記の質問にお答えください。抽選で幸福の科学出版の書籍・雑誌をプレゼント致します。(発表は発送をもってかえさせていただきます)

1 本書をお読みになったご感想

(なお、ご感想を匿名にて広告等に掲載させていただくことがございます)

2 本書をお求めの理由は何ですか。

①書名にひかれて　②表紙デザインが気に入った　③内容に興味を持った

3 本書をどのようにお知りになりましたか。

①新聞広告を見て [新聞名：　]
②書店で見て　③人に勧められて　④月刊「ザ・リバティ」
⑤月刊「アー・ユー・ハッピー？」　⑥幸福の科学の小冊子
⑦ラジオ番組「天使のモーニングコール」　⑧幸福の科学出版のホームページ
⑨その他（　）

4 本書をどちらで購入されましたか。

①書店　②インターネット（サイト名　）
③その他（　）

5 今後、弊社発行のメールマガジンをお送りしてもよろしいですか。

はい（e-mailアドレス　）・いいえ

6 今後、読者モニターとして、お電話等でご意見をお伺いしてもよろしいですか。(謝礼として、図書カード等をお送り致します)

はい・いいえ

弊社より新刊情報、DMを送らせていただきます。新刊情報、DMを希望されない方は右記にチェックをお願いします。　□DMを希望しないキリスト教の復活思想においても、『新約聖書』を文字どおりそのまま読むかぎりでは、イエスが肉体を持って復活したかのように書かれています。弟子たちと一緒に歓談《かんだん》し、魚を焼いて食べたり、ご飯《はん》を食べたりするシーンも出てきますが、これは、肉体があるようにも見えます。

傷痕《きずあと》を見て触《さわ》るまで「イエスの復活」を信じなかったトマス

また、「疑いのトマス」といわれる弟子は、「私はこの目で見ないかぎり、イエスの復活を信じない」と言っていましたが、その後、イエスが現れて傷痕《きずあと》を見せながら、「ここに指を入れて触《さわ》ってみなさい。刺《さ》された痕があるだろう？」と言ったそうです。そのように『新約聖書』には書いてあります。

「ここまで幼稚《ようち》な説明をさせる」ということは、本当の信仰者からすれば、信仰を侮辱《ぶじょく》しているようにも見えなくはありません。ただ、当時は、そのレベルの理解しかできない人が多かったのでしょう。

ちなみに、復活したイエスは、自分が肉体を持っていることについて説明していますが、『新約聖書』には、「扉《とびら》が閉《し》まっているのに、扉を開けずに入ってくる」ということも書いてあります。これは順当に考えれば、いわゆる「幽霊《ゆうれい》のスタイル」です。霊体《れいたい》であれば、壁《かべ》を通り抜けられるので、簡単に入れるわけです。

扉が閉まっている密室に入ってくるとなると、現在、ほかに考えられるものは、エイリアン（異星人）しかいないでしょう。エイリアンがアブダクション（誘拐《ゆうかい》）をする場合、「密室のなかに異次元空間を通過して入ってきて、人を連れ去る」ということが報告されていますが、そういう「エイリアン説」を取る以外にないわけです。

そのように、「宇宙人が協力したため、ドアを開けずになかへ入ってこられた」と考えられなくもありませんが、そこまで考える必要はないでしょう。

「イエスは霊的《れいてき》な復活をした」と考えてよいのか

「復活の現象」自体は、霊的《れいてき》になっている弟子たちであれば、霊視《れいし》によってイエスの姿を視《み》ることはできたと思いますし、そんなに優秀《ゆうしゅう》な弟子でなくても視えたのかもしれません。

現代においても、例えば、戦地で肉親が亡くなったあと、家族がその人の姿を見ることがあります。「玄関《げんかん》が開いて、家に上がってきた」など、物理的現象として魂が帰ってきたところを見るケースもあるぐらいです。

このように、「見たいと強く思っている人のところに姿を現す」という現象自体は起きていますので、私は、「イエスは霊的な復活をした」ということでも構わないと思います。

ヒルティも、「イエスの復活を見た人は、『新約聖書』に書いてある人数を数えれば、五百人以上いる。したがって、キリスト教の神髄《しんずい》は復活にある。復活を信仰する点にある」と説いているので、これが肉体を持った復活なのか、そうでないかによって、考え方が変わります。

いずれにしても、私は、「イエスは霊的な復活をした」ということで問題はないと思います。

最後、イエスは「天なる父」のもとに戻っていくわけですが、肉体を持って天に戻っているなら、大変なことです。

「アイアンマン」は空を飛べますが、肉体を持って天に昇《のぼ》り、雲のなかに留《とど》まることは難しいのではないかと思います。飛び上がっていくことはできますが、生活はできません。「スーパーマン」も空を飛べますが、そこで生活することは難しいでしょう。

したがって、イエスが肉体を持って天に昇っても構わないのですが、そこで生活することは厳しいのではないでしょうか。やはり、肉体があると不自由なので、基本的には霊体で天に上がるべきだと考えます。

そのあたりの説明は難しいのです。つまり、「肉体を持って復活したのだ」というように言ってもらわなければ、伝道ができなかったのでしょう。そういう困難が初期の弟子たちにはあったと思います。あるいは、それを継《つ》ぐ者たち、イエスに直接会っていない人たちにも、そういう難しさがあったのでしょう。

神秘体験によって「伝道する側」に変わったパウロ

これに対して、パウロの「ダマスコの回心《かいしん》」というものがあります。最初、パウロはイエスの弟子たちを逮捕《たいほ》して回っていました。彼はイエスと同時代に生きた人ではあるのですが、イエスに直接会ったことがない熱心なユダヤ教のラビ（聖職者）であり、今で言えば「破壊《はかい》分子」に当たるイエスの弟子たちの逮捕状を持ち、正当な逮捕権がある人でした。

そんなパウロが、今のシリアに向かって、彼らを逮捕しに行く途中《とちゅう》において、白昼《はくちゅう》、巨大《きょだい》な光に当てられ、目がくらんで見えなくなります。その巨大な白い光、まぶしい光によって目が見えなくなったとき、当時、パウロはサウロと呼ばれていましたが、「サウロ、サウロよ、なぜ、私を迫害するのか」というイエスの声を聞いたのです。パウロは、実際には弟子を迫害していたのですが、イエスから「私を迫害するのか」と問われたわけです。

パウロは、「イエス自身の言葉を聞く」という神秘体験をしたあと、イエスの弟子であるアナニアという人に目を治してもらって、奇跡を信じるようになります。

アナニアは、パウロが逮捕する予定だった人の一人です。その人に手かざしで目を治してもらうという奇跡体験を経《へ》て、「逮捕する側」から「伝道する側」に変わったわけです。

このように、パウロは霊的体験として「イエスの復活」を経験しています。そういう意味では、パウロの伝道のなかには霊的なものというか、霊的な復活が入っています。彼は、「イエスが天上界にいて、自分に呼びかけてきた」ということを自覚して伝道していたと思うので、キリスト教が非常に「霊的な伝道」に変わってくることになったのでしょう。

『新約聖書《しんやくせいしょ》』のあいまいな表現がモルモン教の異説を生んだ

しかし、『新約聖書《しんやくせいしょ》』だけを見ると、どうも「肉体を持った復活」に見えるわけです。

こういう考え方があるため、いまだに、「イエスが日本まで渡《わた》ってきて、青《あお》森《もり》県まで行った。青森県に『ヘブライ』という言葉に似た戸来村《へらいむら》があるが、そこにある塚《つか》に十字架が立ててある。ここにイエスが来て伝道して死んだのだ」というような、まことしやかな話があるわけです。

おそらく、東北地方に漂着《ひょうちゃく》したキリスト教の宣教師などがいて、村に伝道しながら亡くなった人を祀《まつ》ったものが、その起源ではないかと思います。

確かに、「イエスが肉体を持って復活し、永遠の生命を持っているということであれば、日本にまで伝道に来てもよいのではないか」と思うでしょう。「日本に来てほしい」という気持ちはとてもよく分かります。「肉体を持った復活」という言い方をしているため、そういう気持ちになるわけです。

アメリカの「モルモン教」などは、〝見事に〟その点を捉えています。

「アメリカは二百年、三百年の歴史しかない」というのは、非常にさみしいことでしょう。ヨーロッパや日本、中国にも長い歴史があるのにもかかわらず、現在、世界一の大国であるアメリカには、ほんの二、三百年の歴史しかないわけです。それは非常にさみしいことなので、「もっと昔の歴史をつくりたい」と思ったのでしょう。

古代にイエスが海を渡ってきたかどうかは知りませんが、モルモン教では、「イエスは、アメリカ大陸に渡って福音を宣《の》べ伝えたが、イエスを信じる一派とイエスを信じない一派が戦いをし、イエスを信じる一派が滅《ほろ》ぼされてしまった。しかし、預言者がイエスの教えを『金板《きんばん》』に書いて土のなかに埋《う》め、後世に遺した。その後、それを掘《ほ》り返して、『イエスの教えが書かれた金板を見つけた』と言って広げる人が出てきた」というようなことを述べています。

それは、「イエスが復活したあとの話」ということなので、二千年近い昔の話です。要するに、「千九百年から二千年近い昔に、イエスがアメリカ大陸に渡ってきた。そして、その教えを受けた一団があったが滅んでしまった。しかし、その教えを記《しる》した金板が埋められていたので、一八〇〇年代にそれが掘り起こされ、モルモン教ができた。イエスの教えはアメリカに来ていたのだ」ということを言っているわけです。

これは気持ちとしては分かります。日本で言えば、日本神道《しんとう》的な考え方でしょう。「古代の日本には偉大な文化がある。それは神が伝えたのだ」というような話を、アメリカでもつくりたいという気持ちは分かります。

「アメリカの繁栄《はんえい》」について理由がなければおかしいため、「実はイエスの教えはすでに届いていたのだ。いったん滅びたものが発掘《はっくつ》されたのだ」というように考えて、モルモン教ができているわけです。そして、モーセのような迫害を受けたため、ソルトレイクシティまで逃《に》げていき、日本で言えば「天理市《てんりし》」のような町をつくっています。

このように、『新約聖書』は、そういう考えも出てくる余地があるような書かれ方をしているのです。

4　修行《しゅぎょう》して「悟《さと》り」を開いた宗教家・仏陀《ぶっだ》

伝説に彩《いろど》られた「仏陀《ぶっだ》の少年時代」のエピソード

「神のそば近くある」という二つのパターンのうち、イエスは、「神から指名され選ばれる」というパターンだと思います。

では、一方、仏陀《ぶっだ》はどうであったのでしょうか。

仏陀は、コーサラ国の属国的な小国であった釈迦国《しゃかこく》の王子として生まれています。生まれたときは一人息子《むすこ》でした。ただ、生後一週間で、生母のマヤ夫人《ぶにん》が産褥熱《さんじょくねつ》で亡《な》くなっているため、「幼少時に母を亡くした王子」として憂鬱《ゆううつ》な少年時代を送ったのではないかと言われています。

少年時代については、仏典《ぶってん》にいろいろなエピソードが書いてあります。どこまで本当かは分かりませんが、学問に優《すぐ》れており、今の小学校に上がる年齢《ねんれい》までの間に文字が読め、古代の教典である「ヴェーダ」も全部覚え、算術もできたそうです。それから弓矢などの武術にも優れていたので、「文武両道の立派な人であった」というような描き方をされています。

あるいは、木の陰《かげ》において一人で瞑想《めいそう》し、物思いに耽《ふけ》るような人としても描かれています。今であれば、木の陰で読書でしょうか。どちらかといえば、〝草食系〟に見える少年時代を送っていたのではないかと捉《とら》えている面もあります。このあたりについては伝説に彩《いろど》られています。

　また、シッダールタ（釈尊《しゃくそん》）が木の下で瞑想に耽っているとき、普通《ふつう》なら、太陽が動けば、当然、木の陰も動いていくはずですが、陰が動かずに留《とど》まっていたそうです。つまり、日陰をつくったままにしてシッダールタを守っていたわけです。そのような話まで出てきます。

　陰まで動かさずに止めるとは、たいへんな神通力《じんつうりき》ですが、どこまで信じてよいか分かりません。「それほどまでに、天上界《てんじょうかい》も釈尊を見守っていた」ということが言いたかったのでしょう。

マヤ夫人《ぶにん》の出産と釈尊出誕《しゃくそんしゅったん》における奇瑞《きずい》

　出誕《しゅったん》についても、母親であるマヤ夫人《ぶにん》は、里帰りする途中《とちゅう》で釈尊《しゃくそん》を産み、一週間ぐらいで亡くなっています。

当時の釈迦国の首都であったカピラヴァスツは、「カピラ城」とも訳されますが、おそらく、今のネパール領のなかにあり、マヤ夫人のお里は、そのネパール領を越《こ》えて、今のインド領に入ったところだと思われるのです。

このカピラヴァスツに関しては、今、ネパール側とインド側の二カ所に遺跡《いせき》があり、それぞれが、「ここがカピラヴァスツだ」と言って争っています。

私も、以前、視察に行ったことがあるのですが、インドのほうは、大したものので、真新しいレンガを何十センチか積み上げ、〝カピラヴァスツの遺跡〟をつくり上げていました。あれから二十年ぐらいたっているため、今は風化して、そうとう〝古びたレンガ〟になっていると思いますが、きちんと跡《あと》があることになっているのです。

いずれにしても、おそらく、マヤ夫人の実家自体は、北インドのほうの国境に近い辺りだったと思われます。

当時は、習慣として、子供を産むために里帰りをするのですが、移動していたということもあったのだろうと思いますけれども、里を目指している途中で陣痛《じんつう》が起きて、シッダールタが生まれるわけです。

伝説的に述べると、映画などでも描かれていましたが、このとき、周りの木が、すべてお辞儀《じぎ》をするように、出産を助けるようにしなってきて、マヤ夫人は、それにぶら下がって力《りき》みました。そして、立ったまま産んだことになっているのですが、これについても、すごいような、原始的なような、よく分からないところがあるのです。

さらに、産み落とされた釈尊は、生まれるや否《いな》や、東西南北に向かって、それぞれ七歩歩き、右手で上を指し左手で下を指して、「天上天下唯我独尊《てんじょうてんげゆいがどくそん》」と言葉を発したことになっています。今、これをまともに信じる医者はいないとは思うのですが、その程度の話を付け加えないと、少しありがたみが足りないのでしょう。この話も、そうとうなものだと思います。

釈尊のすごさは、「天上天下唯我独尊」というとおり、「『天なる父』などいはしない。私より上の人はいないのだ」と、生まれるや否《いな》や宣言したというところです。

もちろん、まともに捉《とら》える人のなかには、これに対して、「傲岸不遜《ごうがんふそん》である。非常に謙虚《けんきょ》さが足りない不遜な言い方だ」と批判する人がいることはいます。

しかし、これは神話の類《たぐい》ですので、「後世の人は、その程度のことを書きたくなるだろう」ということを、多少、理解してあげなければいけない面もあると、私は思うのです。

また、釈尊が、「生まれてすぐ、四方《よんぽう》に向かって歩き、話せる」という奇瑞《きずい》を起こせるような人ならば、その生母が一週間で死ななければいけない理由もなく、生き返らせるぐらいのことをしても構わないと思うのですが、「事実は隠《かく》せない」という面もあったのかと思います。

マハープラジャーパティーと比丘尼《びくに》教団の成立

その後、マヤ夫人と一緒《いっしょ》にカピラヴァスツ入りしていた、かなり年の離《はな》れた妹が、義母になって釈尊を育て、彼の異母弟《いぼてい》であるナンダという人を産みました。

この義母になった方は、マハープラジャーパティーといわれている方であり、後《のち》に尼僧《にそう》教団の長《ちょう》になった方です。

釈尊は、最初、男性だけの出家《しゅっけ》教団をつくっていました。

カピラ城のほうには、釈尊の異母弟であるナンダが残っていたのですが、彼も、釈尊が里帰りしたときに出家させられてしまったため、跡継《あとつ》ぎがいなくなりました。結局、若者が五百人ぐらい出家してしまい、父王も亡くなったため、女性たちも、残されて滅《ほろ》びるのがたまらず、はるばる歩いて、釈尊に出家を願い出たのです。

釈尊は、それを二度、三度と断ったらしいのですが、アーナンダが、「血豆をつくり、血まみれの足でここまで歩いてきたのに、これを無下《むげ》に追い返すのはいかがなものでしょうか。やはり、女性は悟《さと》りを開けないのですか?」と訊《き》くと、釈尊は、「いや、そんなことはない。女性も阿羅漢《あらかん》の悟りを開くことはできる」と言ったのです。

そこで、アーナンダは、「では、尼僧教団をつくってもよいではないですか」と取りなして、尼僧教団をつくりました。

そのため、釈尊が、「女性を入れた場合は、男女の風紀の乱れが起きるので、教団が長く続かない可能性がある。これで、仏教教団が早く滅びることになった」というように嘆《なげ》いた言葉も遺《のこ》っています。これについては、かなりリアリティがあるので、本当のことかもしれません。

比丘《びく》教団と比丘尼《びくに》教団、つまり、男性の出家者と女性の出家者は、いちおう、分かれて修行《しゅぎょう》するというかたちになりました。マハープラジャーパティーと釈尊の奥《おく》さんであったヤショーダラーあたりが出家してきて、尼僧の中心になり、尼僧教団のほうの運営を行《おこな》っていたようです。もちろん、教えについては、長老的な男性たちが、ときどき行って、きちんと指導していたようではあります。

そのような経緯《けいい》があるのです。

カピラ城での生活と出家《しゅっけ》の経緯《けいい》

出家以前の釈尊は、カピラ城の王子として期待されていましたが、生まれてすぐにアシタ仙人《せんにん》が、「この子は、大きくなったら転輪聖王《てんりんじょうおう》として天下を治めるか、出家《しゅっけ》して偉《えら》い聖者《せいじゃ》になるか、どちらかだろう」というような予言をします。

父王のシュッドーダナは、「出家されてしまったら、跡継ぎがいなくなるので困る」ということで、何とかして釈尊を留《とど》めようと、「三季《さんき》の宮殿《きゅうでん》」をつくりました。冬の宮殿、春秋《はるあき》を過ごす宮殿、それから、夏の宮殿と、三つの宮殿をつくって、それぞれのところで過ごせるようなかたちにし、さらには、お妃《きさき》も早くもらわせたのです。

釈尊がヤショーダラーと結婚《けっこん》したのは、おそらく、十五、六歳《さい》ぐらいではないかと思われますが、さらに、次々と四人ほど奥さんを与《あた》え、ある意味で、逃《に》げられないようにしました。

「『蝶《ちょう》よ花よ』とかわいがり、着る物も、カーシー産の絹織物、つまり、上等なもののみを着させて、贅沢三昧《ぜいたくざんまい》もさせ、『王宮の生活が、いかに優雅《ゆうが》で楽しく、やめられないものか』を味わわせるように努力した」というふうに、やや粉飾《ふんしょく》があるとは思いますけれども、大げさな書かれ方をしています。

そんなあるとき、釈尊は、東西南北の門をそれぞれ出た際に、老人を見たり、病人を見たり、死者を見たり、あるいは、出家者を見たりして世の無常を感じ、城を出るわけです。

また、宴《うたげ》のあと、夜中に、女性が酔《よ》い潰《つぶ》れ、醜《みにく》く寝《ね》ている姿も見ました。「美女五百人なりき」ということになっていますが、酔い潰れて寝ている女性たちも、気の毒だとは思います。「醜く見られた」ということは、実に残念だと思われますが、仏陀は、その夜中に、愛馬カンタカにまたがって馬番のチャンナと城を抜《ぬ》け出していったのです。

六年間の修行《しゅぎょう》に入った釈尊《しゃくそん》と五人の仲間の出自《しゅつじ》

釈尊《しゃくそん》は、チャンナと服を交換《こうかん》して、川岸で髪《かみ》を下ろし、出家して、山林《さんりん》の行《ぎょう》に入りました。

その後、六年ぐらい修行《しゅぎょう》が続いたと言われています。七年という説もありますが、だいたい、二十九歳ぐらいで出家して、六年ぐらい修行し、三十五歳前後で成道《じょうどう》したと言われています。それが一般《いっぱん》的な説です。

そして、この間《かん》、二人の先生についたということが記録として遺っています。

彼らは有名な先生がたであり、仏陀は、それぞれに、「跡継ぎにならないか」と誘《さそ》われたのですが、その教えに飽《あ》き足ることはなく、彼らの教えをいち早くマスターして、「もう学ぶことは何もない」と捨て去っていくわけです。

また、五人の仲間とともに修行をしていたわけですが、彼らは、「父王が送った警護の人だったが、仏陀に帰依《きえ》して弟子《でし》になった」という説もあれば、「山林修行中に知り合った人だ」という説もあって、どちらにでも取れる面はあります。

ただ、仏陀が最初の悟りに至る前、すなわち、仏陀がスジャータからミルク粥《がゆ》を供養《くよう》された際、「彼は堕落《だらく》した」と言って捨て、何百キロか離れた鹿野苑《ろくやおん》のほうに行ったというあたりを見ると、父王に警護を命じられた人にしては、少し〝冷たい〟ような気はするので、やはり、山林修行中に知り合った仲間であったか、二人の先生についたことがあるため、そのときの仲間か何かかもしれないという気はします。

仏陀は、いわゆる、禅定《ぜんじょう》に当たるものを、そういう先生について勉強していたのですけれども、それでは飽き足らなかったのです。

ジャイナ教にある二つの流派

また、当時は、ジャイナ教というものが、伝統的にありました。これは、仏教より先行しており、以前からあったようです。最近では、インド独立の父であるガンジーが、ジャイナ教に影響《えいきょう》を受けていますが、ある意味では、仏教よりも厳しい戒律《かいりつ》を持っていて、「断食《だんじき》中に死んだら、それで聖者になれる」というほど極端《きょくたん》なところもあります。

流派は二つあるのですが、「裸行派《らぎょうは》」といって、「無一文《むいちもん》」「無一物《むいちぶつ》」という意味では、もう本当に何も持たず、真っ裸《まっぱだか》で歩く人がいて、これについては、多少、現代的には困っています。写真や映像に撮《と》ると、少し問題が起きるので、ご婦人からは、けっこうクレームが出るのです。素《す》っ裸で歩くのも、暑いインドだから成り立つことで、ほかのところでそういうことをされたら、少し困るでしょう。

そのような「裸行派」というのもあれば、もう一つには、「白衣派《びゃくえは》」というもので、「白衣《はくい》一枚は着てもよい」という流派もあります。こちらのほうは人前に出られるものですが、どちらも基本的には、「この世的な、物質的な欲望はできるだけ去り、食欲もできるだけ去り、断食などをしながら、この世の執着《しゅうちゃく》を断《た》つ」という流派であったことは事実です。

また、仏陀のライバル的な存在だった方も、すでに「ジャイナ教の二十四代目に当たる」と言われていたぐらいなので（開祖マハーヴィーラ）、こちらのほうが旧《ふる》いのでしょう。

「苦楽中道《くらくちゅうどう》の悟《さと》り」を開く

修行形態としてはジャイナ教のまねをするようなところもあり、仏陀は、「どうも、ガリガリに痩《や》せるところまでいったが、ガリガリに痩せても、結局、悟《さと》りは開けない」ということも経験しているわけです。これは非常に珍《めずら》しいケースですが、悟りを開けないことを正直に書いています。

その修行中、村娘《むらむすめ》のスジャータに会うわけですが、彼女に関しては、「結婚していた」という説もあります。「娘ではなくておばさんだった」という説もあるのですが、詮索《せんさく》はしません。

スジャータ村というところには、私も行ったことがあるのですが、参拝者《さんぱい》や巡礼《じゅんれい》に来る人がけっこう多く、そうした人々に、村の子供たちがわりにしつこくお金をせびってくるので、少し嫌《いや》な感じを受けた覚えがあります。ただ、「そういうお布施《ふせ》の精神を大事にしなければいけないのかな」と思い、一人にお金をあげたところ、ほかの子が「じゃあ、われわれはどうなんだ」と言って、みんなが手を出してきたので、「いや、参ったな」と思ったことがありました。

もう二キロもついてこられたので、そのままでは、もう何か渡《わた》さないと帰ってくれないような感じがあって、お金を渡したのですが、あげたらあげたで、「なんでくれた?」と言って、今度は開き直るようなところがあったので、「なかなかディベイタブルな国民だな」と、少し驚《おどろ》きました。お金をもらっておいて、「なんでくれた？」と言って開き直るとはすごいと思いましたが、彼らも、聖地と思って来る人たちの相手をするのに、かなり慣れているのでしょう。

そうしたところで、仏陀はガリガリになり、死ぬ寸前までいっていたのですが、そこで、スジャータからミルク粥《がゆ》をもらいます。これは、おそらくミルクで煮込《にこ》んだお粥だったのだろうと言われていますが、断食しているときに食べ物を食べたところ、「光が出るような感じ」「あたたかい感じ」が出て、力が湧《わ》いてきます。それと天上界《てんじょうかい》の光等が、どの程度ミックスされたのか、それとも片方だけ感じたのかは分かりませんが、力が湧いてきて、「ああ、やはり、苦《く》行《ぎょう》だけでは悟れないのだ」ということで、「苦楽中道《くらくちゅうどう》の悟り」を開くのです。

「苦行のなかに悟りなし。また、王宮のなかでの歓楽《かんらく》のなかにも悟りはなかった。やはり、苦楽の中道のなかにこそ、悟りはある」ということを、ここで思うわけです。

したがって、最初の悟りは、意外に、「中道の悟り」だったと思います。

悟《さと》りを開いたときに得た「三明《さんみょう》」

この出来事のあと、ピッパラの大樹《たいじゅ》の下《もと》で禅定《ぜんじょう》を組み、真夜中に大悟《たいご》したことになっているわけです。

ここで悟《さと》った内容は何かといいますと、まずは「三明《さんみょう》を得た」ということになっています。「三つの明《あ》かり」と書きますが、「三明を得た」というように言われているのです。

「三明」とは、「過去世《かこぜ》を見る目」と「現在を見る目」と「未来を見る目」の三つのことです。これらが見えるようになりました。

「過去世、過去が見えるようになった」とは、今、私もしているような「カルマ・リーディング」、あるいは「過去世リーディング」のようなものができるようになったということです。こうしたことを仏陀もしていたことが記録には遺っているので、できたのだと思います。したがって、まず、過去世が見えるようになりました。

それから、仏陀は、現在ただいまの人の心や心境が見えたり、あるいは、離れている人、遠隔地《えんかくち》にいる人の考えまで手に取るように見えました。これは、今の私で言えば、守護霊《しゅごれい》などを呼んで、その人の心の内を読んだり、逆に「遠隔透視《とうし》」というかたちで、実際に遠くのものまで視《み》たりもしていますが、そういう「現在を見る目」が仏陀にできたのです。

さらに、「来世《らいせ》がどうなるか、未来について見る目を得た」というように言われています。

これについては、はっきりしたものは遺《のこ》っていませんが、例えば、『法華経《ほけきょう》』を読むと、後世の人が編纂《へんさん》したものだとは思われますが、「仏陀の重要な弟子たちが、はるかなる未来に悟りを開いて、偉大《いだい》な如来《にょらい》になるだろう。『○○仏《ぶつ》』になるだろう」というようなことを、たくさん予言しています（授記《じゅき》）。かなり気前がいい予言ではありますが、「未来リーディング」も、ある意味でできたと取ってもよいかもしれません。

疑問点が残る仏陀《ぶつだ》の「過去世《かこぜ》リーディング」

ただ、「過去世《かこぜ》リーディング」については、若干《じゃっかん》、疑問がないわけではありません。『ジャータカ物語』のようなものには、「過去世譚《たん》」がたくさん出ていて、「仏陀《ぶつだ》は過去世で、いろいろな動物をたくさん経験してきた」というようなことで、「猿《さる》の王だった」とか「鹿《しか》の王だった」などと、いろいろなものが出てきますが、やはり、多少、たとえ話も入っているとは思うので、そのままストレートには取れないものはあります。

また、「過去七仏《しちぶつ》」という話もあり、「過去、自分が、この時代のこういうところに生まれて仏になった」という話をたくさん説いていますので、過去の転《てん》生《しょう》についても述べていたわけです。この内容については、アジャンターの壁画《へきが》としても遺っています。

ですから、「自分の前に六仏《ろくぶつ》があった。その時代はこうだった、ああだった」ということを言っているのです。

ただ、それに相当するものが記録としては遺っていないので、少し理解できない部分はあります。また、場所はすべてインドということになっているので、認識力としては、「インドが中心」の認識だったのかもしれません。

私の著書である『太陽の法』（幸福の科学出版刊）などを読むと、「（仏陀の魂《たましい》は）インドだけではなく、世界規模でいろいろなところに転生し、新しい文明の基礎《きそ》をつくった」という話が出てきますので、内容は多少違《ちが》って見えますが、そういう「過去七仏」的なものについては、私も述べているつもりではあります。

そういう意味で、「どうやら仏陀は、何らかの霊能力《れいのうりょく》の形態として、過去・現在・未来を読み取る力を、悟りを開いたときに得たらしい。中道の悟りの夜に、その力が開いたらしい」ということが分かります。

最初の伝道をすべく鹿野苑《ろくやおん》に向かう

その後、仏陀は伝道しようと決意するわけですが、千里眼《せんりがん》で視たところ、「かつて一緒に修行していた五人の仲間たちは、今、ミダガヤ（鹿野苑《ろくやおん》、現サールナート）にいる」ということが分かります。

ここは、いわゆる「鹿《しか》の園《その》」といわれていて、観光客が多いので、今では鹿が飼われています。そのため、もともと鹿がいたように思わされますが、昔はいませんでした。その鹿野苑に、かつての修行仲間が行っているらしいということを千里眼で視て、そこまで行って伝道するのです。

そして、最初の五人の阿羅漢ができることになるわけです。

それから、有力な弟子もできてきます。金持ちの息子で、金の靴《くつ》を履《は》いていたといわれるヤサという人が信者になることで、ヤサの両親も信者となり、そういう有力者が信者になったことでドッと信者が増え、合計六十一人になったという記録があるのです。

カーシャパ三兄弟への伝道

さらには、拝火《はいか》教徒の一派と思われますが、古代の「ヴェーダ」を信じる人のなかでも、バラモンの教えのなかの、拝火教系統の人たちのところへ向かいます。

これは、もともとはゾロアスター教という、ペルシャ、イランの宗教だったのですが、それがインドに入ってきて、拝火教のようになっていきました。

ここでは、木を焚《た》いて、今で言う、いわゆる「護摩《ごま》を焚く」ということを行っています。これは、いろいろな密教《みっきょう》でもしていますし、ほかのところでもしていますが、井桁《いげた》を組んで火を焚き、ホーマ（homa）を行うのです。「護摩」

のもともとの言葉を「ホーマ（homa）」といい、「ホーマ」が「護摩」になっているわけですが、この「護摩を焚く」という修行は、仏教のものではなく、もともとは拝火教経由の古代バラモン教の風習であるわけです。

その拝火教徒にカーシャパ三兄弟というのがいて、「仏陀がそこに行って神通力合戦のようなことを行う」ということが、仏伝《ぶつでん》には書かれています。

カーシャパは仏陀を試《ため》そうと、訪《たず》ねてきた仏陀に対して、まず、寝床《ねどこ》に洞窟《どうくつ》を指定し、「あそこの洞窟で一夜を明かしてもらいたい」ということを言います。しかし、仏陀が了承《りょうしょう》して洞窟に行くと、そのなかには毒蛇《どくじゃ》がいるわけです。

ただ、インドの話は大きいので、「火を吹《ふ》く毒龍《どくりゅう》」がいることになってはいます。「この毒龍と一晩過ごせた人はいないから、〝道場破《やぶ》り〟が来たら、だいたいはそこに泊《と》めて、朝までに食べられてしまっているか、殺されている」ということになっていたのです。

翌朝、カーシャパがそこへ行ってみると、その巨大《きょだい》な毒龍が縮んでしまって、小さな小さな蛇《へび》になり、おとなしくなっていたため、「うわあ、仏陀の神通力というのは、すごいな」と驚いてしまいます。神通力合戦も幾《いく》つかするのですが、すべて仏陀に負けてしまい、その結果、そうした大人数《おおにんずう》の弟子を持っている人が帰依することになったのです。

カーシャパは長い髪を結《ゆ》い上げていたのですけれども、彼を出家させるということで、髪を切って、それを河に流しました。それから、拝火教徒のお椀《わん》とか、いろいろな道具が、〝どんぶらこ、どんぶらこ〟と、たくさん流れてくるので、その中流域、下流域にいた二番目の弟、三番目の弟が「兄の身に何かあったに違いない」と思って駆《か》けつけてきたのです。兄に話を聞いてみたら、

「偉大な人に会ったのだ」「仏陀に会ったのだ」ということで、弟たちも帰依《きえ》することになりました。

長兄《ちょうけい》、次兄《じけい》、それから三番目ということで、それぞれ五百人、三百人、二百人ぐらいの弟子を持っていたので、これらが全部帰依して、「仏陀教団は千人ぐらいの弟子ができた」ということになるわけです。

最初に、拝火教徒がたくさん弟子になったというのは実に不思議ですが、現在も「護摩焚きの儀式」がいろいろなところで遺っているのは、そのあたりの影響を受けているものかと思います。ただ、これは仏教の教えとは同じではありません。

仏伝《ぶつでん》における神変《じんぺん》は「仏陀《ぶっだ》が超人《ちょうじん》であった」ことを説明している

また、サンジャヤという哲学《てつがく》的な議論を説く宗教者《じゃ》もいました。そこの二大弟子の大目連《だいもくれん》と舎利弗《しゃりほつ》が互《たが》いに、「私たちの先生は本物ではなさそうだ。哲学的なことは言うけれども、どうも悟っているようには思えない。お互いに本物の仏陀《ぶっだ》を見つけたら、教え合おう」ということになったのです。

そして、「とうとう見つけた」ということで、二人とも出家して、彼らも弟子を二百五十人ぐらい連れてやって来たのですが、「サンジャヤは熱鉄の塊《かたまり》を吐《は》いたかのような血の吐き方をして、怒《いか》りのために死んでしまった」ということが書いてあります。

これは大げさなので、どこまで本当かは分かりませんが、「そういう有力弟子を取られて、怒《おこ》って死んだ」ということになっています。

このときが二百五十人ぐらいで、元拝火教徒の弟子と合わせて千二百五十人という数字が出てきます。ですから、「仏弟子《ぶつでし》、千二百五十人なりき」「霊鷲山《りょうじゅせん》で、千二百五十人が修行していた」ということが、よく仏典に書いてありますが、その人数に合わせて言っているのでしょう。

つまり、仏陀は実際に、折伏《しゃくぶく》や神通力《じんつうりき》合戦、伝道もしていることは事実です。説法《せっぽう》をしたり、それから、神通力も見せたりして、伝道はかなりしています。

さらに、病気治しをしている例もありますが、十分な証拠《しょうこ》として遺っていないし、今のインド哲学者たちがこれをあまり好きではないので、書かないところもあるのでしょう。

しかし、仏陀が起こした「神変《じんぺん》」というのも、そうとういろいろな記録は遺っていますので、ある程度はあったと思います。

例えば、イエスは湖の上を歩いたかもしれませんが、仏陀は空中も飛んだ記録まで遺っているのです。「宙に浮《う》いたまま説法する」という話も出ていますが、現代の学者は、さすがに恥《は》ずかしいように書いています。

そういうことも出ているので、後世、〝空中浮揚《ふよう》の説〟を説いて事件を起こした団体も出てきたりすることもあるのかもしれませんが、仏伝《ぶつでん》は「仏陀は、あらゆる意味で超人《ちょうじん》であった」ということを説明しているのだろうと思います。

「大きな使命」を感じて出家《しゅっけ》した釈尊《しゃくそん》

こういう意味で、「仏陀の場合はどうだったのか」ということですが、「神々との対話」や「悪魔《あくま》との対話」等もしていますし、最初の悟りを開くときには、「降魔《ごうま》の対決」をして魔を降《くだ》しています。

つまり、カピラヴァスツ（カピラ城）に対する「執着」があって、王子としての責任や王妃《おうひ》、それから国民を守る責任を放棄《ほうき》してまで、この修行に入《はい》ったことへの「後悔《こうかい》の念」が残っていたのです。その部分が「降魔」のところで出てきて、戦ったということです。

要するに、仏陀自身は、「最後は、肉親の情を断《た》ってでも、真理の道を選ばなければいけなかった」という体験をしています。

その後、残った家族を出家《しゅっけ》させていますので、親族としての情がなかったわけではないことは当然なのですけれども、「自分がどのように公的な存在であるかを、どこまで自覚しているか」ということが大きかったと思うのです。自分の「大きな使命」を感じていたのだろうと思うので、単なる〝無責任男〟として〝家出《いえで》〟をしたわけではなかったと思います。

その奥においては、「強い意志」があったのではないかと思うし、「自分がやるべき仕事の大きさというものを予感していた」ということが言えるのではないでしょうか。

5　仏陀《ぶっだ》・救世主・預言者の「悟《さと》り」を比較分析《ひかくぶんせき》する

「神から選ばれし者」が興《おこ》した古代ユダヤ教やキリスト教

さて、歴史的には、古代ユダヤ教からキリスト教、イスラム教に至るまで、預言者は「選ばれし者」として神から指名されたように、神の言葉を受け取って事業を行い、それが周りに認められて、「預言者なり」「救世主なり」ということで立つことも多いのです。

さらに、政治も重ね合わせて、例えば、ダビデ王やソロモン王などのような人は、実際の政治で成功することもありました。

一方、イエスは大工《だいく》の息子《むすこ》であって、実際に教団を大きくつくり上げるのには成功していません。数千人の聴衆《ちょうしゅう》を集めるぐらいのところまではやったけれども、組織化には成功しない段階、要するに、財務的基盤《きばん》をつくれないままに弟子《でし》が散ったかたちで、十字架《じゅうじか》に架かって死んでしまいました。

その後、その思想を受け継《つ》いで、組織化が進んでいったのですが、組織的ではないイエスから出た宗教が、バチカンなどを見ても分かるように、組織的に全世界を固めていくようなやり方をしました。つまり、意外にイエスとは〝対極的〟な人がつくってきたということです。

仏陀《ぶっだ》とは「神に選ばれた者」ではなく「悟《さと》りを開いた者」

それに対し、仏陀《ぶっだ》の場合、そういう「神から選ばれた者として送られた」という考えがまったくないのです。最初の「天上天下唯我独尊《てんじょうてんげゆいがどくそん》」もそうですし、悟《さと》りを開いて仏陀（目覚めたる者）になってから以降もありません。

これは、「インドの固有の思想」もあるのだと思うのです。「仏陀」という思想自体はあったので、これは固有名詞というよりは「悟りたる者」「目覚めたる者」という意味で、いろいろな修行者《しゅぎょう》がたくさんいたのです。

例えば、バラモンという僧侶《そうりょ》階級も修行はしていました。これは、今のお寺や神社の家を継ぐのと同じようなかたちでの僧侶階級です。

それ以外にも、クシャトリヤ（武士階級）等を中心にして、山林《さんりん》修行をして悟りを開こうとしている人たちがたくさんいました。そういう自由修行が盛《さか》んだった時期です。

ちょうど似たような時代に、中国では「諸子百家《しょしひゃっか》」という時代があって、「百家争鳴《ひゃっかそうめい》」という言葉もあるように、老子《ろうし》や孔子《こうし》、墨子《ぼくし》、荀子《じゅんし》など、「子《し》」が付く有名な方々が出ました。「子」は「先生」という意味ですけれども、たくさんの思想家が出てきています。

当時のインドも、「六師外道《ろくしげどう》」という言い方もするのですが、「六人の、先生を名乗っている外道がいた」ということを、つぶさにいろいろ書いてあります。ほぼ同時代に、いろいろな派を率《ひき》いていたと思います。

これは、現代の宗教事情を見ても、同時代に幾《いく》つかの宗教が並び立って、

「われこそは本物なり」とか、「われこそは仏陀なり」「われこそは救世主なり」と、けっこう主張していますので、宗教が熱心に流行《はや》るときは、同時代にたくさんそういう人が出ることはあるのでしょう。

結論的には、歴史が証明して、「遺《のこ》ったものが本物」というかたちになるとは思います。

いずれにしても、仏陀については、「最初から、神様に選ばれて、そういう預言者になった。仏になった」というものではないところがあります。

ただ、似たような言い方があるとすれば、「私が、初めてこの法を悟ったわけではない。古《いにしえ》の仏陀が辿《たど》った同じ古道《こどう》、古径《こけい》を、私もまた辿っているのだ」という言い方を何度かしています。「私の教えは、古の仏陀の説いた教えなのだ」ということで、「八正道《はっしょうどう》」もそういう言い方をするのです。

しかし、古の仏陀としてインドの過去を辿ってみても、八正道を説いた人はいないので、少しどうかとは思うのですが、やや〝権威付け《けんいづ》〟が必要な時期もあったのではないかとは思います。

つまり、自分独《ひと》りによる「独《ひと》り悟《ざと》り」というのは、攻《せ》められるところがあるので、「昔の仏陀も、やはり、こうした教えを説いているのだ」というようなことを、過去世話《かこぜばなし》と一体にして語っていたのだと思うのです。

例えば、「阿弥陀仏《あみだぶつ》は、過去、法蔵菩薩《ほうぞうぼさつ》という名前で、世自在王仏《せじざいおうぶつ》の時代に生まれて、四十八願《しじゅうはちがん》を立て、成就《じょうじゅ》した」とか、いろいろ言いますが、そうした権威付けの一つとして、「過去、○○という王様の時代にも、仏陀は、このようなことを説いた」というような話をしていた可能性はあると思います。

その意味で、仏陀は、「神に選ばれた者」というわけではなくて、やはり

「悟りを開いた者」だったのです。

仏陀《ぶっだ》や救世主であることを証明するための一つの考え方

幸福の科学に信者があまりいなかった初期のころ、「『大川隆法が仏陀《ぶっだ》だ』というのは、どのように証明するのですか」というような質問が、けっこうありました。あるいは、「『大川隆法が救世主だ』というのは、どのようにして証明するのですか。証拠《しょうこ》はあるのですか」というような質問をされることもありました。

そのようなとき、私は、内村鑑三《うちむらかんぞう》が言っていた言葉も使って返答をしていました。

「そうした救世主というのは、『われは、それなり』と、自分で言うものなのです。過去を見ても全部そうなのです。『自分が、それである』ということをみんな言っています。あとは、それを周りが認めるかどうかなのです。先に、他人様《ひとさま》が認め、指名してなるようなものではなくて、『われは、それなり』と、みんな、自分で悟って言っています。そうした人が救世主なのです。

それを認めるか認めないかは、教えを聞くみなさんの考え次第《しだい》です。この私の説く考えが広がっていって、信じる人が増えていくなら本物であり、弾圧《だんあつ》を受けて消えていくなら、それまでのことです。『われは、それなり。私は、目覚めたる者、仏陀であり、救世主である』と自分で述べています。

ですから、それを信じるか信じないかは、そちら様の自由ですが、私は、選ばれし者として指名されてやっているわけではなくて、自らの意志で仏陀となり、自らの意志で救世主としての仕事をやっています」というふうに答えていたわけです。

「仏陀《ぶっだ》の悟《さと》り」は「天上界《てんじょうかい》の神々」の世界を超《こ》えたもの

このあたりは、「キリストと釈尊《しゃくそん》との違《ちが》い」であり、「古代の預言者群と釈尊との違い」でもあると思うのです。

仏陀《ぶっだ》は、自分自身で、「ヴェーダ」に出てくる天上《てんじょう》の神々とも対話をしているのですが、「そうした神々が仏陀を指導している」ということはあまりなく、神々が仏陀に五体投地《ごたいとうち》して礼拝《らいはい》するようなシーンが、仏典《ぶってん》にはたくさん出てきます。要するに、仏陀が地上で開いた「悟《さと》り」というのは、天上界《てんじょうかい》にいる神々も来て、一緒《いっしょ》になって学びたいぐらいのものだったのです。

したがって、仏陀は、弟子《でし》たちにも説法《せっぽう》していましたが、「そのときには、同時に、目には見えない菩薩たちもたくさん並んで聴聞《ちょうもん》している」ということになっているわけです。

それは、私が製作総指揮した映画、「太陽の法」（二〇〇〇年公開）などでも描かれています。仏陀の説法を、この世の弟子だけではなくて、あの世の諸菩薩たちまで、一緒に聴聞しているシーンが出てきます。それを霊的《れいてき》現実として、仏陀は自覚していたのだろうとは思いますが、「仏陀の説法というのは、すでに悟りを開いて、天上界に上《のぼ》っているはずの菩薩・如来《にょらい》たちも集《つど》って聴《き》くほどのものだったのだ」ということを言っているわけです。

その意味で、仏教のほうは、一貫《いっかん》して、仏陀以上のものは認めません。

ただ、「西洋の文脈では、モーセの『創世記』にも書いてあるように、『神が、この地上を創られ、動物や人間を創られた。そうした造物主、創造主としての〝オリジナル・ワン〟がいて、この世がある』ということになっているのに、『人間として生まれて、自分で修行して悟りを開いた』というのでは、武者修《むしゃ》行で剣豪《けんごう》になったみたいな感じで、少しありがたくないし、そのへんは教えが足りないのではないか。仏教には神がいないので、人間の教えにしかすぎないのではないか」という批判が、西洋側からはあるわけです。

しかし、仏教側からは、やはり、「仏陀の悟りというのは、もう少し突き抜《つぬ》けているものなのだ。天上界の神々の世界をも突き抜けて存在するものなのだ」ということが言えるのです。

西洋の「神」に当たる存在を説いた『法華経《ほけきょう》』や『大日経《だいにちきょう》』

そして、その考え方が、『法華経《ほけきょう》』の後半に出てくる、「久遠実成《くおんじつじょう》の仏陀《ぶっだ》」という思想になってくるわけです。

『法華経』は、内容的に見ると、同じようなことの繰《く》り返しが非常に多くて、たとえ話ばかりで出来上がっているように見えるために、「何だ、たとえばかりではないか」と思われており、「ラッキョウのように皮を剝《む》いていくと、なかは何も残らない」とよく言われているのですが、実は、「久遠実成の仏陀」ということを、十分、説いているのです。

『法華経』は、最初のほうでは功徳談《くどくだん》が多いものの、「誰《だれ》もが、修行すれば仏への道に入《はい》れる」ということを強調しているので、民主主義的な考え方と非常に協調性があります。

さらに、後半では、仏陀自身が、「私は、生まれて、教えを広げ、弟子を持って生きた『人間・仏陀』だけではないのだ。実は私は、久遠の昔から存在している『久遠実成の仏陀』なのだ。永遠《えいえん》の昔から仏陀なのだ」ということを言い出します。

つまり、「この世で修行して悟りを開いたのは、人間として生まれた途中《とちゅう》経過ではあるけれども、私は、人間として得た知識と経験のみで開いた悟りで、師匠《ししょう》になって教えているのではない。私自身は、実は、久遠の昔、はるかなる昔から、ずっと仏陀なのだ。それが、地上に生まれて目覚めただけなのだ」というわけです。

その意味で、「西洋の『神』の概念《がいねん》に対置できるところまで、仏を成長させたのが、『法華経』である。だから、『法華経』はありがたい」ということを、天台智顗《てんだいちぎ》も、それ以降の、日蓮宗系《にちれんしゅう》も認めているわけです。

そのため、『法華経』以後の仏教では、「『久遠実成の仏陀』は重要だ」ということを、ずいぶん言います。

あるいは、そのような言い方でなくとも、善無畏三蔵《ぜんむいさんぞう》が訳し、インドから中国に伝えた『大日経《だいにちきょう》』などには、毘盧遮那仏《びるしゃなぶつ》、大日如来《だいにちにょらい》が出てきます。

この大日如来というのは、「真理の象徴《しょうちょう》」「真理が現れてきた」という言い方で説かれていますので、仏陀を大日如来と捉《とら》えても、やはり、「普遍《ふへん》の真理として、過去・現在・未来を貫《つらぬ》いて存在するものだ」という面はあるということでしょう。

「永遠の仏陀《ぶっだ》」の意味が分からなかった「戦後の仏教学者」

大乗《だいじょう》仏教の時代になると、もちろん、キリスト教などとの競合もあったのだとは思いますが、「仏陀《ぶっだ》以前の人たちは、救われないのではないか」という、キリスト教と同じ問題が出てきました。

キリスト教では、例えば、「イエス以前の人たちが救われないのでは困ります。キリスト教は二千年しか歴史がありませんが、人類の歴史はもっと長いのですから、その前はどうなのですか」と問われると、転生輪廻《てんしょうりんね》のところをはっきりさせなければイエス以前の人は救われないわけで、「そうした『みんな地獄《じごく》に堕《お》ちている』という思想では困る」ということになりました。

そのため、キリスト教では、このあたりの部分を、「イエスは『人の子』でもよい。〝オリジナル・ワン〟としての造物主、神が、最初からいるので構わないのだ」という教えで補完するわけです。

一方、仏教の場合は、「実は、仏陀というのは、悟りを開いてみたら、本当は、永遠の昔から悟りを開いた者として存在している、神々の上に立つ者だった」という自覚を打ち出します。

しかし、それを説いているお経《きょう》は、弟子が創作しただけではなく、やはり、天上界に還《かえ》っていた釈尊からの霊指導があって、編《あ》まれたものだと思われます。

そのような思想を持っているのが仏教なのです。

その意味で、戦後の仏教学者やインド哲学《てつがく》者たちは、ただ「人間・釈迦《しゃか》」という点に焦点《しょうてん》を当てて、「仏教というのは、釈尊が『人間・釈迦』として、教師のように勉強しながら道を説いたのだ。孔子が説いたような道を説いたのだ」というような教え方をしますし、中村元《なかむらはじめ》なども、そうした傾向《けいこう》は強いのですが、それは考えとしては甘《あま》いでしょう。そうなるのは、神秘体験の不足によるものが大きいのではないかと、私は思います。

やはり、「久遠実成の仏陀」の意味が分からなければ駄目《だめ》です。人間として、お布施《ふせ》ももらえずに痩《や》せ細り、ペタペタと道を歩いていた仏陀ばかりを想像し、「われわれと同じ人間なのだ」というところだけを見ていては駄目で、やはり、その思想性、精神性の高みを知るべきだと思います。

6　宗教の違《ちが》いを乗り越《こ》える「世界宗教性」を完成させたい

世界の宗教を統合する「教えの体系」をつくり上げたい

本書は、「人間学の根本問題――『悟《さと》り』を比較分析《ひかくぶんせき》する――」というタイトルで、「いろいろな『聖者《せいじゃ》』といわれる人たち、要するに、歴史上に現れた、人間として本当にトップクラスの人たちの『悟り』、あるいは、『自己認識』『使命感』というものが、どのようなものであったのか」ということを、鳥瞰《ちょうかん》しながら述べてきました。

では、「幸福の科学の教え自体は、どのようなものなのか」というと、『太陽の法』（前掲。初版一九八七年発刊）に書いてあるように、「愛の発展段階説」が入っており、その段階で、私は、「キリストと仏陀《ぶっだ》を融合《ゆうごう》した思想」のようなものを考えていました。

つまり、「仏教の悟りには、レベルというか、段階のようなものがあるが、キリスト教の愛の思想も、『主を愛し、隣人《りんじん》を愛する』というだけでは足りなくて、やはり、そのなかに、『愛する愛』『生かす愛』『許す愛』『存在の愛』というレベルがあるのではないか。そして、それは、仏教的な悟りの段階と、きちんと対応しているのではないか」と考えたのです。

この「愛の発展段階説」という考え方は、私の「アイデア」というか、「ひらめき」としては、いちばん最初に出てきたものです。言葉としては、日蓮聖《にちれんしょう》人《にん》から降ろされた霊示《れいじ》のなかで、「人を愛し、人を生かし、人を許せ」という言葉を教わっていたわけですが、それを考え、煮詰《につ》めていったものが、愛の発展段階説になっていったわけです。そのように、私は、「悟り」と「愛」の両方について、研究を続けてきました。

「悟りとは何か、そして、愛とは何かを考え、さらに、悟りと愛を、それぞれ探究し、実践《じっせん》しつつ、“Buddhaland《ブッダランド》 Utopia《ユートピア》”（仏国土《ぶっこくど》・ユートピア）を、どのようにつくっていくか。そうした、『愛と悟りとユートピア建設』が、幸福の科学の基本的に目指すところであり、基本教義、根本教義である」

そのような教えを、幸福の科学は打ち立てているわけです。

その意味では、「仏陀」と「キリスト」を併《あわ》せて、さらに、今は、「日本神道《しんとう》やイスラム教、儒教《じゅきょう》、道教《どうきょう》等もみんな吸い込《こ》んでいこう」と考えているところです。「地球的な意味での宗教であり、哲学《てつがく》でもある体系をつくり上げたい」と強く願っているわけです。

宗教対立・戦争を終わらせるために

そのようなわけで、「宗派が違《ちが》う」とか、「神様の名前が違う」とかいうような小さな宗教対立で、殺し合いをしたり、戦争をしたり、空爆《くうばく》をしたりするようなことが、今、中東でも、いろいろ起きていますが、「そうした、〝ささやか〟なぶつかり合いは、できれば終わりにしたい」と思っています。

例えば、「イスラエル 対 ガザ地区のハマスは、どちらが正しいのか」とか、そうした戦いもやっています。

もちろん、霊存在もたくさんいますので、今も、彼らを指導している者もいれば、過去に指導した者もいて、それらに個性の違いがあった可能性はあります。しかし、「彼らを指導していた者の上にある〝オリジナル・ワン〟は、一人なのだ。同じなのだ」ということを、私は申し上げたいのです。

その〝オリジナル・ワン〟の「エルの神」（エル・カンターレ）の名の下《もと》に、やはり、和解し、調和し、共に暮らしていけるような話し合いをして、平和を築くべきだと思います。

この考え方が浸透《しんとう》していれば、ヒトラー的なユダヤ人の大量殺戮《さつりく》もなければ、日本神道に対する誤解の下《もと》に、アメリカが〝大量虐殺《ぎゃくさつ》〟を日本に仕掛《しか》けるようなことも、おそらくなかったのではないでしょうか。

こうした「世界宗教性」を、今、完成させていきたいと考えています。

以上のように、人間学を考える上では、やはり、「神、仏、究極の悟りとは何か」というところまで考えが及《およ》ばなければ、「人間学の根本問題」は探究できないと思っています。

本書で、私が述べたことを参考にしながら、学問的な態度でもって、幸福の科学の教義等を比較分析していってくだされば、新しい発見や、新しい伝道の切り口も、いろいろと見つかるのではないかと思います。

あとがき

比較宗教学的観点をふまえながら、あえてイエス・キリストと釈尊の「求道《ぐどう》」と「悟り」、天上界の唯一神の視点について語ってみた。

一神教の考え方は、現代文明を色づける特徴《とくちょう》の一つと考えてよいが、その考え方が人間側の偏狭《へんきょう》さゆえに紛争を生み、神の名の下《もと》に戦争が行われることは、残念でならない。

まさしく、人間学の根本問題として、「悟り」の比較分析が今ほど必要な時はないのかもしれない。

イスラエルとハマスの紛争だけではない。中国や韓国の日本原罪論と、国連から手を廻《まわ》しての、日本からのヘイト・スピーチの禁止要請なども、中国や韓国に仏教の思想がまだ残っていたら、大きく考え方はかわっていただろう。

二〇一四年　八月三十日

幸福《こうふく》の科学《かがく》グループ創始者兼総裁《そうししゃけんそうさい》

幸福《こうふく》の科学大学創立者《かがくだいがくそうりつしゃ》　大川隆法《おおかわりゅうほう》

『人間学の根本問題』大川隆法著作関連書籍

『太陽の法』（幸福の科学出版刊）

『「人間学概論」講義』（同右）

『釈迦の本心』（同右）

『キリストの幸福論』（同右）

『「集団的自衛権」はなぜ必要なのか』（幸福実現党刊）

※左記は書店では取り扱っておりません。最寄りの精舎・支部・拠点までお問い合わせください。

『大川隆法霊言全集 第1巻 日持の霊言／日蓮の霊言』（宗教法人幸福の科学刊）

『大川隆法霊言全集 第2巻 日蓮の霊言』（同右）

『大川隆法霊言全集　第5巻　イエス・キリストの霊言』（同右）

人間学《にんげんがく》の根本問題《こんぽんもんだい》

──「悟り」を比較分析する──

2014年9月3日　初版第1刷

著　者　　大《おお》川《かわ》隆《りゅう》法《ほう》

発行所　　幸福の科学出版株式会社

〒107-0052 東京都港区赤坂2丁目10番14号

TEL(03)5573-7700

http://www.irhpress.co.jp/

印刷・製本　株式会社 堀内印刷所

落丁・乱丁本はおとりかえいたします

ISBN978-4-86395-544-8 C0030

写真：Mary Terriberry / Shutterstock.com

大川隆法シリーズ・最新刊

「経営成功学の原点」としての松下幸之助の発想

「商売」とは真剣勝負の連続である！「ダム経営」「事業部制」「無借金経営」等、経営の神様・松下幸之助の経営哲学の要諦を説き明かす。

1,500円

「人間学概論」講義

人間の「定義と本質」の探究

人間は、ロボットや動物と何が違うのか？ 人間は何のために社会や国家をつくるのか？ 宗教的アプローチから「人間とは何か」を定義した一書！

1,500円

マイケル・イズ・ヒア！

マイケル・ジャクソン
天国からのメッセージ

マイケル・ジャクソン、奇跡の復活！彼が天国に還って見たもの、体験したこと、感じたこととは？ そして、あの世でも抱き続ける「夢」とは何か。

1,400円

※表示価格は本体価格（税別）です。

大川隆法 法シリーズ・人生の目的と使命を知る《基本三法》

太陽の法

エル・カンターレへの道

創世記や愛の段階、悟りの構造、文明の流転を明快に説き、主エル・カンターレの真実の使命を示した、仏法真理の基本書。

2,000円

黄金の法

エル・カンターレの歴史観

歴史上の偉人たちの活躍を鳥瞰しつつ、隠されていた人類の秘史を公開し、人類の未来をも予言した、空前絶後の人類史。

2,000円

永遠の法

エル・カンターレの世界観

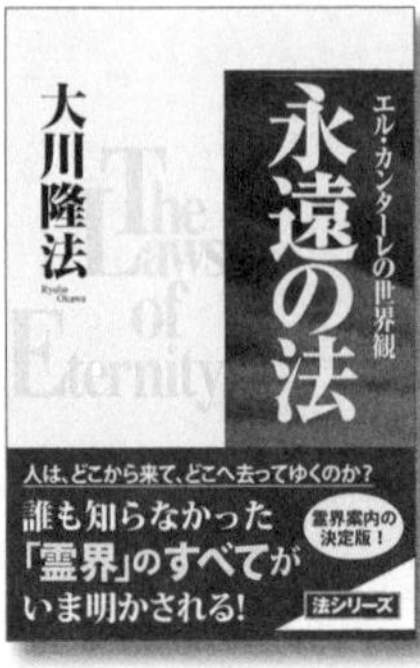

『太陽の法』（法体系）、『黄金の法』（時間論）に続いて、本書は、空間論を開示し、次元構造など、霊界の真の姿を明確に解き明かす。

2,000円

※表示価格は本体価格（税別）です。

大川隆法ベストセラーズ・幸福の科学大学シリーズ

新しき大学の理念

「幸福の科学大学」がめざす
ニュー・フロンティア

2015 年、開学予定の「幸福の科学大学」。日本の大学教育に新風を吹き込む「新時代の教育理念」とは？ 創立者・大川隆法が、そのビジョンを語る。

1,400 円

「経営成功学」とは何か

百戦百勝の新しい経営学

経営者を育てない日本の経営学 !? アメリカをダメにした MBA──!? 幸福の科学大学の「経営成功学」に託された経営哲学のニュー・フロンティアとは。

1,500 円

「人間幸福学」とは何か

人類の幸福を探究する新学問

「人間の幸福」という観点から、あらゆる学問を再検証し、再構築する──。数千年の未来に向けて開かれていく学問の源流がここにある。

1,500 円

「未来産業学」とは何か

未来文明の源流を創造する

新しい産業への挑戦──「ありえない」を、「ありうる」に変える！ 未来文明の源流となる分野を研究し、人類の進化とユートピア建設を目指す。

1,500 円

幸福の科学出版

大川隆法ベストセラーズ・幸福の科学大学シリーズ

西田幾多郎の「善の研究」と幸福の科学の基本教学「幸福の原理」を対比する

既存の文献を研究するだけの学問は、もはや意味がない！ 独創的と言われる「西田哲学」を超える学問性を持った「大川隆法学」の原点がここに。

1,500円

宗教社会学概論

人生と死後の幸福学

なぜ民族紛争や宗教対立が生まれるのか？世界宗教や民族宗教の成り立ちから、教えの違い、そして、その奥にある「共通点」までを明らかにする。

1,500円

幸福の科学大学創立者の精神を学ぶⅠ（概論）

宗教的精神に基づく学問とは何か

いま、教育界に必要な「戦後レジームからの脱却」とは何か。新文明の創造を目指す幸福の科学大学の「建学の精神」を、創立者みずからが語る。

1,500円

幸福の科学大学創立者の精神を学ぶⅡ（概論）

普遍的真理への終わりなき探究

「知識量の増大」と「専門分化」が急速に進む現代の大学教育に必要なものとは何か。幸福の科学大学創立者が「新しき幸福学」の重要性を語る。

1,500円

※表示価格は本体価格（税別）です。

大川隆法ベストセラーズ・幸福論シリーズ

ソクラテスの幸福論

諸学問の基礎と言われる哲学には、必ず〝宗教的背景〟が隠されている。知を愛し、自らの信念を貫くために毒杯をあおいだ哲学の祖・ソクラテスが語る「幸福論」。

1,500 円

キリストの幸福論

失敗、挫折、苦難、困難、病気……。この世的な不幸に打ち克つ本当の幸福とは何か。2000 年の時を超えてイエスが現代人に贈る奇跡のメッセージ!

1,500 円

ヒルティの語る幸福論

人生の時間とは、神からの最大の賜りもの。「勤勉に生きること」「習慣の大切さ」を説き、実業家としても活躍した思想家ヒルティが語る「幸福論の真髄」。

1,500 円

アランの語る幸福論

人間には幸福になる「義務」がある──。人間の幸福を、精神性だけではなく科学的観点からも説き明かしたアランが、現代人に幸せの秘訣を語る。

1,500 円

※表示価格は本体価格(税別)です。

Noblesse《ノーブレス》 Oblige《オブリージ》

「高貴なる義務」を果たす、
「真のエリート」を目指せ。

幸福の科学学園
中学校・高等学校（那須本校）

Happy Science Academy Junior and Senior High School

私は、
教育が人間を創ると
信じている一人である。
若い人たちに、
夢とロマンと、精進、
勇気の大切さを伝えたい。
この国を、全世界を、
ユートピアに変えていく力を
出してもらいたいのだ。

（幸福の科学学園 創立記念碑より）

幸福の科学学園 創立者
大川隆法

幸福の科学学園（那須本校）は、幸福の科学の教育理念のもとにつくられた、男女共学、全寮制の中学校・高等学校です。自由闊達な校風のもと、「高度な知性」と「徳育」を融合させ、社会に貢献するリーダーの養成を目指しており、2014年4月には開校四周年を迎えました。

Noblesse《ノーブレス》 Oblige《オブリージ》

「高貴なる義務」を果たす、
「真のエリート」を目指せ。

2013年 春 開校

幸福の科学学園
関西中学校・高等学校

Happy Science Academy
Kansai Junior and Senior High School

私は日本に
真のエリート校を創り、
世界の模範としたい
という気概に満ちている。
『幸福の科学学園』は、
私の『希望』であり、
『宝』でもある。
世界を変えていく、
多才かつ多彩な人材が、
今後、数限りなく
輩出されていくことだろう。

（幸福の科学学園関西校 創立記念碑より）

幸福の科学学園 創立者
大川隆法

滋賀県大津市、美しい琵琶湖の西岸に建つ幸福の科学学園（関西校）は、男女共学、通学も入寮も可能な中学校・高等学校です。発展・繁栄を校風とし、宗教教育や企業家教育を通して、学力と企業家精神、徳力を備えた、未来の世界に責任を持つ「世界のリーダー」を輩出することを目指しています。

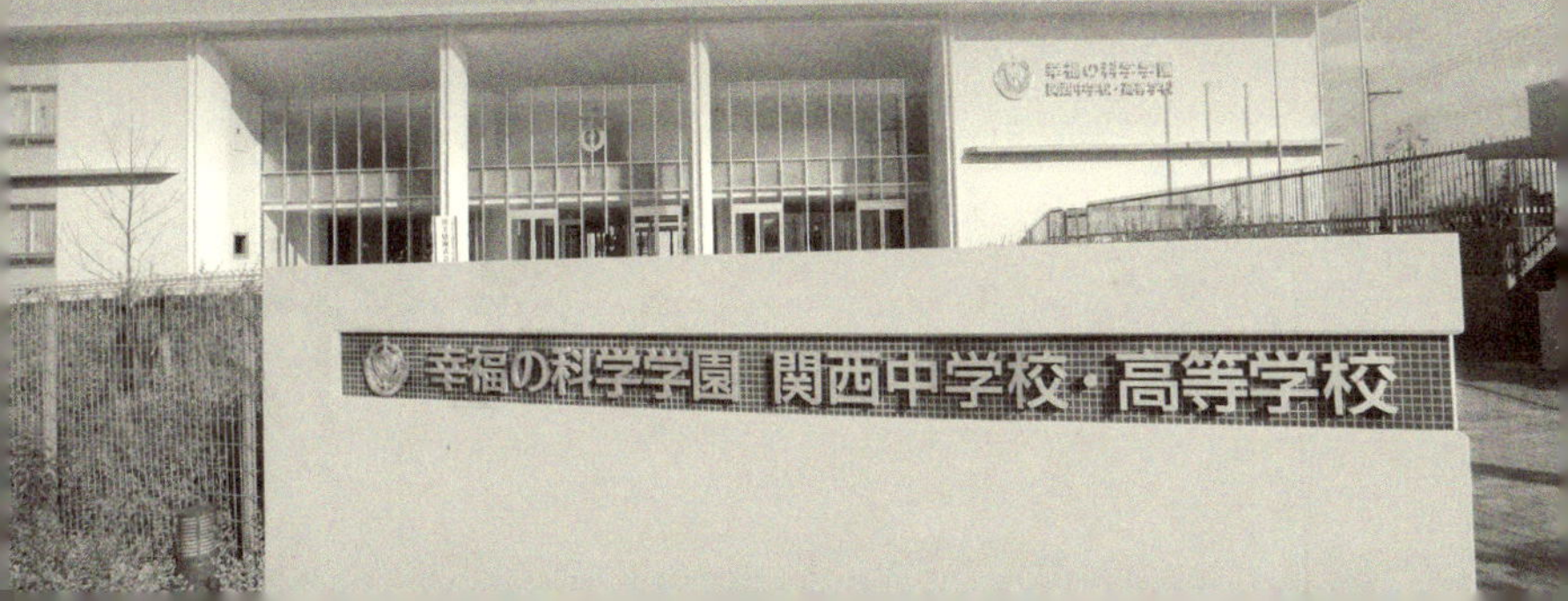

幸福の科学学園・教育の特色

「徳ある英才」の創造

教科「宗教」で真理を学び、行事や部活動、寮を含めた学校生活全体で実修して、ノーブレス・オブリージ(高貴なる義務)を果たす「徳ある英才」を育てていきます。

天分を伸ばす「創造性教育」

教科「探究創造」で、偉人学習に力を入れると共に、日本文化や国際コミュニケーションなどの教養教育を施すことで、各自が自分の使命・理想像を発見できるよう導きます。さらに高大連携教育で、知識のみならず、知識の応用能力も磨き、企業家精神も養成します。芸術面にも力を入れます。

一人ひとりの進度に合わせた「きめ細やかな進学指導」

熱意溢れる上質の授業をベースに、一人ひとりの強みと弱みを分析して対策を立てます。強みを伸ばす「特別講習」や、弱点を分かるところまでさかのぼって克服する「補講」や「個別指導」で、第一志望に合格する進学指導を実現します。

自立心と友情を育てる「寮制」

寮は、真なる自立を促し、信じ合える仲間をつくる場です。親元を離れ、団体生活を送ることで、縦・横の関係を学び、力強い自立心と友情、社会性を養います。

幸福の科学学園の進学指導

1 英数先行型授業

受験に大切な英語と数学を特に重視。「わかる」（解法理解）まで教え、「できる」（解法応用）、「点がとれる」（スピード訓練）まで繰り返し演習しながら、高校三年間の内容を高校二年までにマスター。高校二年からの文理別科目も余裕で仕上げられる効率的学習設計です。

2 習熟度別授業

英語・数学は、中学一年から習熟度別クラス編成による授業を実施。生徒のレベルに応じてきめ細やかに指導します。各教科ごとに作成された学習計画と、合格までのロードマップに基づいて、大学受験に向けた学力強化を図ります。

3 基礎力強化の補講と個別指導

基礎レベルの強化が必要な生徒には、放課後や夕食後の時間に、英数中心の補講を実施。特に数学においては、授業の中で行われる確認テストで合格に満たない場合は、できるまで徹底した補講を行います。さらに、カフェテリアなどでの質疑対応の形で個別指導も行います。

4 特別講習

夏期・冬期の休業中には、中学一年から高校二年まで、特別講習を実施。中学生は国・数・英の三教科を中心に、高校一年からは五教科でそれぞれ実力別に分けた講座を開講し、実力養成を図ります。高校二年からは、春期講習会も実施し、大学受験に向けて、より強化します。

5 幸福の科学大学（仮称・設置認可申請中）への進学

二〇一五年四月開学予定の幸福の科学大学への進学を目指す生徒を対象に、推薦制度を設ける予定です。留学用英語や専門基礎の先取りなど、社会で役立つ学問の基礎を指導します。

授業の様子

詳しい内容、パンフレット、募集要項のお申し込みは下記まで。

幸福の科学学園 関西中学校・高等学校

〒520-0248
滋賀県大津市仰木の里東2-16-1
TEL.077-573-7774
FAX.077-573-7775
[公式サイト]
www.kansai.happy-science.ac.jp
[お問い合わせ]
info-kansai@happy-science.ac.jp

幸福の科学学園 中学校・高等学校

〒329-3434
栃木県那須郡那須町梁瀬 487-1
TEL.0287-75-7777
FAX.0287-75-7779
[公式サイト]
www.happy-science.ac.jp
[お問い合わせ]
info-js@happy-science.ac.jp

仏法真理塾

サクセスNo.1

未来の菩薩を育て、仏国土ユートピアを目指す！

仏法真理塾「サクセスNo.1」とは

宗教法人幸福の科学による信仰教育の機関です。信仰教育・徳育にウエイトを置きつつ、将来、社会人として活躍するための学力養成にも力を注いでいます。

サクセスNo.1 東京本校（戸越精舎内）

「サクセスNo.1」のねらいには、「仏法真理と子どもの教育面での成長とを一体化させる」ということが根本にあるのです。

大川隆法総裁　御法話「『サクセスNo.1』の精神」より

仏法真理塾「サクセスNo.1」の教育について

信仰教育が育む健全な心

御法話拝聴や祈願、経典の学習会などを通して、仏の子としての「正しい心」を学びます。

学業修行で学力を伸ばす

忍耐力や集中力、克己心を磨き、努力によって道を拓く喜びを体得します。

法友との交流で友情を築く

塾生同士の交流も活発です。お互いに信仰の価値観を共有するなかで、深い友情が育まれます。

●サクセスNo.1は全国に、本校・拠点・支部校を展開しています。

東京本校
TEL.03-5750-0747　FAX.03-5750-0737

名古屋本校
TEL.052-930-6389　FAX.052-930-6390

大阪本校
TEL.06-6271-7787　FAX.06-6271-7831

京滋本校
TEL.075-694-1777　FAX.075-661-8864

神戸本校
TEL.078-381-6227　FAX.078-381-6228

西東京本校
TEL.042-643-0722　FAX.042-643-0723

札幌本校
TEL.011-768-7734　FAX.011-768-7738

福岡本校
TEL.092-732-7200　FAX.092-732-7110

宇都宮本校
TEL.028-611-4780　FAX.028-611-4781

高松本校
TEL.087-811-2775　FAX.087-821-9177

沖縄本校
TEL.098-917-0472　FAX.098-917-0473

広島拠点
TEL.090-4913-7771　FAX.082-533-7733

岡山本校
TEL.086-207-2070　FAX.086-207-2033

北陸拠点
TEL.080-3460-3754　FAX.076-464-1341

大宮本校
TEL.048-778-9047　FAX.048-778-9047

仙台拠点
TEL.090-9808-3061　FAX.022-781-5534

熊本拠点
TEL.080-9658-8012　FAX.096-213-4747

全国支部校のお問い合わせは、サクセスNo.1東京本校（TEL. 03-5750-0747）まで。
メール info@success.irh.jp

エンゼルプランV

信仰教育をベースに、知育や創造活動も行っています。

信仰に基づいて、幼児の心を豊かに育む情操教育を行っています。また、知育や創造活動を通して、ひとりひとりの子どもの個性を大切に伸ばします。お母さんたちの心の交流の場ともなっています。

TEL 03-5750-0757　FAX 03-5750-0767
メール angel-plan-v@kofuku-no-kagaku.or.jp

ネバー・マインド

不登校の子どもたちを支援するスクール。

「ネバー・マインド」とは、幸福の科学グループの不登校児支援スクールです。「信仰教育」と「学業支援」「体力増強」を柱に、合宿をはじめとするさまざまなプログラムで、再登校へのチャレンジと、進路先の受験対策指導、生活リズムの改善、心の通う仲間づくりを応援します。

TEL 03-5750-1741　FAX 03-5750-0734
メール nevermind@happy-science.org

ユー・アー・エンゼル!（あなたは天使!）運動

障害児の不安や悩みに取り組み、ご両親を励まし、勇気づける、障害児支援のボランティア運動です。学生や経験豊富なボランティアを中心に、全国各地で、障害児向けの信仰教育を行っています。保護者向けには、交流会や、医療者・特別支援教育者による勉強会、メール相談を行っています。

TEL 03-5750-1741　FAX 03-5750-0734
メール you-are-angel@happy-science.org

シニア・プラン21

生涯反省で人生を再生・新生し、希望に満ちた生涯現役人生を生きる仏法真理道場です。週1回、開催される研修には、年齢を問わず、多くの方が参加しています。現在、全国8カ所（東京、名古屋、大阪、福岡、新潟、仙台、札幌、千葉）で開校中です。

東京校 TEL 03-6384-0778　FAX 03-6384-0779
メール senior-plan@kofuku-no-kagaku.or.jp

入 会 の ご 案 内

あなたも、幸福の科学に集い、
ほんとうの幸福を
見つけてみませんか？

幸福の科学では、大川隆法総裁が説く仏法真理をもとに、
「どうすれば幸福になれるのか、また、
他の人を幸福にできるのか」を学び、実践しています。

入会

大川隆法総裁の教えを信じ、学ぼうとする方なら、どなたでも入会できます。入会された方には、『入会版「正心法語」』が授与されます。（入会の奉納は1,000円目安です）

ネットでも**入会**
できます。詳しくは、
下記URLへ。
**happy-science.
jp/joinus**

三帰《さんき》誓願《せいがん》

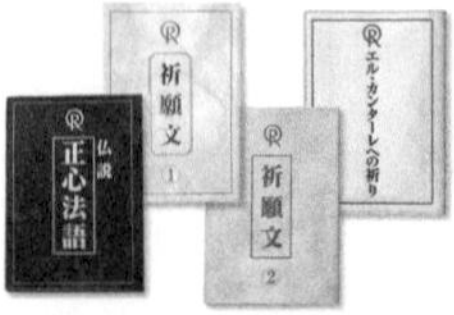

仏弟子としてさらに信仰を深めたい方は、仏・法・僧の三宝への帰依を誓う「三帰誓願式」を受けることができます。三帰誓願者には、『仏説・正心法語』『祈願文①』『祈願文②』『エル・カンターレへの祈り』が授与されます。

植福《しょくふく》の会

植福は、ユートピア建設のために、自分の富を差し出す尊い布施の行為です。布施の機会として、毎月1口1,000円からお申込みいただける、「植福の会」がございます。

「植福の会」に参加された方のうちご希望の方には、幸福の科学の小冊子（毎月1回）をお送りいたします。
詳しくは、下記の電話番号までお問い合わせください。

月刊
「幸福の科学」

ザ・伝道

ヤング・ブッダ

ヘルメス・
エンゼルズ

INFORMATION
幸福の科学サービスセンター
TEL. 03-5793-1727（受付時間 火〜金：10〜20時／土・日：10〜18時）
宗教法人 幸福の科学 公式サイト **happy-science.jp**